QUE SAIS-JE ?

Les Étrusques

DOMINIQUE BRIQUEL
Professeur à l'université de Paris-Sorbonne

W0417941

ISBN 2 13 053314 0

Dépôt légal — 1re édition : 2005, août

© Presses Universitaires de France, 2005

6, avenue Reille, 75014 Paris

INTRODUCTION

En 1954, Raymond Bloch faisait cette constatation désabusée : « Les érudits des Temps modernes, depuis des siècles, s'irritent de se heurter sans cesse à des questions qu'ils ne parviennent pas à résoudre et de constater, sur certains points essentiels, la vanité de leurs efforts. »[1] Un demi-siècle a passé : ce qu'écrivait alors l'étruscologue français reste vrai et, sur des points comme le problème des origines étrusques ou la compréhension des documents que ce peuple nous a laissés, c'est-à-dire sur ce qui, depuis toujours, constitue la base du trop fameux « mystère étrusque », les sceptiques auraient beau jeu de faire valoir que nulle solution n'est en vue. Est-ce à dire que rien n'a été fait, que les efforts des spécialistes aient été inutiles ? On constatera qu'à défaut d'être parvenus à des réponses définitives, ils nous permettent au moins d'avancer quelques éléments d'interprétation raisonnables, qui n'existaient pas il y a cinquante ans, et, ce qui est peut-être le plus important, de situer la problématique dans une perspective plus juste.

C'est ainsi que notre perception de la question des origines a sensiblement évolué. Au lieu de continuer, comme Denys d'Halicarnasse l'avait déjà fait à l'époque de l'empereur Auguste, à opposer les diverses thèses en présence, on a pris conscience du jeu subtil

1. Raymond Bloch, *Les Étrusques,* Paris, PUF, « Que sais-je ? », 1954.

des facteurs multiples qui ont abouti à la formation du peuple étrusque tel que nous le connaissons. Comme tout autre peuple, celui-ci est le résultat de l'interaction d'éléments divers et c'est à leur jeu complexe, plus qu'à une impossible quête d'une origine qui serait unique, qu'il convient de s'attacher. On a compris aujourd'hui que, sur ce point, la discussion des savants modernes n'a fait que prendre le relais d'une querelle qui était née dans l'Antiquité, mais qui n'avait rien de scientifique : pour les Grecs chez qui cette problématique est apparue, la question des origines d'un peuple revenait simplement à en donner une présentation dans leur propre univers mental, et par là à en donner une image soit favorable, qui les rapprochait d'eux-mêmes, soit défavorable, qui les rejetait dans une barbarie aux antipodes de la civilisation – civilisation qui bien sûr, à leurs yeux, ne pouvait être que la leur. S'agissant de la langue, l'évolution est aussi notable. Grâce au progrès continuel de l'archéologie, notre documentation s'est sensiblement accrue. Et surtout, plus que dans le passé, nous sommes à même de cerner le fonctionnement de l'étrusque, langue qu'on n'arrive certes toujours à comprendre que d'une manière très imparfaite, mais dont on peut mieux décrire le système morphologique et qui, de ce fait, peut vraisemblablement être considérée comme appartenant au substrat des langues qui étaient en usage dans le bassin méditerranéen avant l'affirmation des parlers de la famille indo-européenne. Les avancées, on en conviendra, sont restées limitées. Elles n'en sont pas moins réelles et cela justifie que celui qui avait été l'élève de Raymond Bloch reprenne, un demi-siècle après son maître, l'exposé de nos connaissances sur les Étrusques.

Chapitre I

L'ÉMERGENCE D'UNE GRANDE PUISSANCE

I. – L'Étrurie pour les Romains de l'âge classique : le souvenir d'une grandeur passée

Caton le Censeur, qui écrivait dans le deuxième quart du IIe siècle[1], au moment où Rome commençait à étendre sa domination sur l'ensemble du monde méditerranéen, rappelait à ses lecteurs, dans ses *Origines,* que « l'Italie, presque dans sa totalité, avait été soumise à la juridiction des Étrusques ». Plus tard, lorsque, à l'époque d'Auguste, l'Empire romain avait pratiquement acquis son extension maximale, l'historien Tite-Live faisait à son tour remarquer qu' « avant l'Empire romain, l'Empire étrusque s'étendait au loin sur terre et sur mer » et dominait la péninsule italienne d'une mer à l'autre (V, chap. 33). Cette importance de l'Étrurie à date ancienne n'était sans doute plus compréhensible pour le public auquel ces auteurs s'adressaient. Un contemporain de Tite-Live, le poète Properce, évoquait la déchéance de Véies, cité étrusque qui avait été, pendant les premiers siècles de

1. Sauf indication contraire, les dates données doivent s'entendre comme se situant avant notre ère.

son histoire, la rivale de Rome, mais où, de son temps, « dans (les) murs, retenti(ssait) la trompe du berger et les laboureurs sem(aient) dans les ruines » (IV, élégie 10). Moins lyrique, le géographe grec Strabon, dans le livre V de sa *Géographie,* disait alors d'une autre ville étrusque, Caeré, que « d'une cité aussi illustre et brillante, il ne reste plus aujourd'hui que quelques vestiges ». Mais, dût leur patriotisme en souffrir, les Romains devaient reconnaître que leur ville avait été régie, à l'époque des Tarquins (616-509), par des rois d'origine étrusque et que, plus tard encore, culturellement, les Étrusques gardaient une telle avance sur eux qu'ils envoyaient dans les villes toscanes leurs enfants se former aux lettres étrusques, comme le rappelle Tite-Live dans un passage qu'a brillamment analysé J. Heurgon[1], qui renvoie à la situation du IVe siècle. Comment s'expliquait la puissance de l'Étrurie ancienne ? Il devait y avoir là, pour les Romains de l'âge classique, un « mystère étrusque » dont ils n'avaient plus guère les moyens d'appréhender les raisons.

II. – Les atouts de l'Étrurie : une agriculture prospère

Avec les progrès de l'enquête archéologique, l'historien moderne est probablement mieux armé pour saisir ce qui a fait qu'en quelques siècles, dans une Italie préhistorique où ce qui deviendra le pays étrusque ne se faisait remarquer par aucune caractéris-

1. Tite-Live, IX, chap. 36, § 3 ; voir J. Heurgon, *La vie quotidienne chez les Étrusques,* Paris, Hachette, 1961, p. 294-297.

L'Étrurie antique

tique particulière, cette région a vu s'épanouir la première grande civilisation de la péninsule. Il est à même de noter l'existence de facteurs favorables qui aboutiront à ce que, aux VIIIe-VIIe siècles, une culture brillante s'y développe.

Le premier facteur tient à la géographie. Comme le relevait, au début du Ier siècle, un observateur attentif, le Grec Posidonios d'Apamée (cité par Diodore de Sicile, V, chap. 40), « l'Étrurie est très fertile, se déployant en général sur des plaines que séparent des collines aux pentes cultivables et elle est modérément humide, non seulement durant la période d'hiver, mais aussi pendant la saison d'été ». Au moins selon les critères de l'Antiquité, l'Étrurie, c'est-à-dire en gros la Toscane actuelle, entre la vallée de l'Arno qui en marquait la limite par rapport au pays ligure et le cours du Tibre qui la séparait des territoires des Ombriens, Sabins et Latins, était une région d'agriculture prospère. Même s'il s'agit vraisemblablement plutôt d'une scène rituelle (creusement du sillon primordial lors de la fondation d'une cité), on en prendra pour symbole le célèbre « laboureur d'Arezzo », petit bronze qui fit partie du musée réuni au XVIIe siècle apr. J.-C. à Rome par le jésuite Kircher et qui appartient aujourd'hui au fonds du musée de la Villa Giulia, où on voit un homme se tenant derrière un attelage de bœufs tirant un araire : cette figurine nous rappelle que la Toscane fut une riche terre à blé, qui put approvisionner Rome lors des famines que la cité connut au cours du Ve siècle. Les autres éléments de la trilogie méditerranéenne, la vigne et l'olivier, n'étaient pas en reste. Même si les noms du vin et de l'huile en étrusque – *vinum* et *eleiva* – transcrivent les termes grecs *(w)oinos* et *elei(w)a,* ce qui montre que ces cultures furent introduites relativement tard, dans le cadre des échanges avec la Grèce, elles prirent rapidement leur essor, donnant lieu à un commerce dont les céramiques d'origine étrusque trouvées en Provence et Languedoc attestent l'importance pour la fin du VIIe et le VIe siècle. C'est au reste en leur apportant le vin, l'huile et les fruits de sa province que, dans le récit que les historiens anciens nous ont fait de la descente des bandes celtiques dans la péninsule qui aboutit à la prise de Rome en 390 qu'Arruns de Chiusi attira les Gaulois vers le sud (par ex. Tite-Live, V, 33, 1-6).

La prospérité agricole était générale. Dans la Toscane du Nord, géologiquement variée (calcaires, grès), champs cultivés et pâtures s'étendaient largement sur un paysage de collines douces, dominé par de rares sommets de plus de 1 000 m (monts Amiata, Cetona, Apennin toscano-romagnol). Dans le Sud, il en allait de même, dans un autre environnement : dans cette région de tuf volcanique, facile à creuser, les fleuves s'enfoncent en délimitant de larges plateaux, propices tant à la culture qu'à l'établissement d'habitats sur des sites naturellement bien défendus. L'eau est abondante. Cette région est parcourue par plusieurs des affluents du Tibre et de l'Arno et de nombreux petits fleuves se dirigent vers la côte – comme le Caecina, qui a conservé jusqu'à nos jours le nom d'une grande famille étrusque de Volterra. On y trouve également des lacs poissonneux – tels ceux de Bracciano, Vico, Bolsena et le vaste lac Trasimène dont le nom étrusque, *tarsminas,* vient d'apparaître sur une table de bronze récemment découverte à Cortone – et des lagunes jouxtant la mer, qui à cette époque n'étaient pas encore des foyers de malaria, ce fléau qui provoquera plus tard le dépeuplement de bien des zones côtières. Les forêts non plus n'étaient pas rares : Rome salua comme un exploit le franchissement par ses légions, en 310, de la barrière que constituait la forêt Ciminienne, entre Sutri et Viterbe. Ces vastes étendues boisées n'étaient pas un élément négatif : elles abritaient un gibier nombreux, comme ce sanglier étrusque, *Tuscus aper,* dont la chair était appréciée des gourmets encore au temps des Flaviens (Stace, *Silves,* IV, 6), et fournissaient un bois qui a permis, entre autres, l'essor de la métallurgie dont nous allons parler : il ne faut pas oublier qu'on avait alors besoin, pour obtenir du fer, en poids, de deux fois et, en volume, de quarante fois plus de charbon de bois que de minerai.

III. – Les richesses minières

Un autre facteur, essentiel, de la richesse de l'Étrurie fut en effet la présence d'importantes ressources en métaux. Dans sa description de l'Italie, Pline l'Ancien (*Histoire naturelle,* III, 138) affirmait que « pour la variété de ses ressources minières, l'Italie ne le cède à aucun pays au monde ». Il songeait en priorité à la Toscane. Les minerais y étaient abondants, répartis en plusieurs zones. À l'extrême nord, dans les Alpes Apuanes, on trouvait fer, plomb, cuivre, argent, un peu plus au sud, dans la vallée du Cecina, près de Volterra, du cuivre, et plus à l'est, vers Arezzo, du fer et du cuivre. Mais les régions les mieux pourvues étaient situées plus au sud. C'étaient déjà les monts de la Tolfa, entre Caeré et Tarquinia : avant que l'alun ne fît la prospérité de la région, au temps des papes, on y extrayait cuivre, fer, plomb, argent. Néanmoins la zone la plus importante était l'ensemble formé par l'île d'Elbe et, sur la côte lui faisant face, ce qu'on a appelé le « district minier », autour de Populonia et de Vetulonia. Outre un peu d'étain, plomb et argent, on y trouvait du cuivre et surtout du fer. C'était principalement vrai de l'île d'Elbe, que Virgile disait être « généreuse en inépuisables mines de fer » (*Énéide,* X, v. 174). Le mot inépuisable est à prendre au sens propre : on croyait que les puits dont on avait extrait le minerai s'en remplissaient à nouveau. Cette fable, relatée par le traité pseudo-aristotélicien *Sur les choses extraordinaires* et Strabon (V, chap. 2), montre combien cette richesse semblait fabuleuse. Elle avait certes ses inconvénients. Le nom d'Aithaleia, c'est-à-dire « noire de suie », que les Grecs attribuaient à l'île (Diodore de Sicile, V, chap. 13), donne une idée moins agréable de cette activité minière et métallurgique, dont le même auteur décrit le processus complexe. Le minerai était traité dans d' « excellents fours », transformé en métal « sous l'effet d'un feu puissant », ce qui nécessitait son transport sur le continent, seul endroit où on pouvait facilement disposer du charbon de bois nécessaire. Les amas de scories sous lesquels disparaissait la nécropole de la Populonia de l'époque archaïque, dégagée lorsque les besoins en fer de l'Italie au cours de la Première Guerre mondiale ont amené à reprendre l'exploitation de ces restes de la sidérurgie antique, auxquels les procédés de l'Antiquité laissaient une grande teneur en fer, attestent de cette répartition du travail entre l'Elbe et le continent. On ne produisait à ce stade qu'un métal brut, ces masses spongieuses qu'évoquent Diodore et Pline l'Ancien : le fer étrusque devait être exporté principalement sous la forme semi-finie de lingots, point que nous retrouverons lorsque nous aborderons la question du commerce étrusque.

Quoi qu'il en soit, l'exploitation de ces ressources s'est faite très tôt, et cela explique que, dès la fin de la période préhistorique, au tournant de l'âge du bronze et de l'âge du fer, on assiste à un véritable décollage économique de la région, qui laisse en arrière les autres secteurs de l'Italie. Zones d'habitat et nécropoles ont livré des quantités objets métalliques, non seulement des armes ou des pièces d'ornement, mais aussi des faux, faucilles, haches, couteaux, grattoirs, liés au travail de la terre. La richesse minière est donc venue renforcer les potentialités agricoles du pays, en faisant une zone dynamique et prospère, bien avant l'époque historique, où nous connaissons, comme habitants de cette région, ceux que les Romains appelaient *Tusci* ou *Etrusci,* et les Grecs Tyrrhènes *(Tyrrhènoi)* et qui devaient représenter, au moment où les Grecs se lançaient dans leurs entreprises colonisatrices en Occident et où Rome naissait en tant que cité, l'ethnie dominante en Italie centrale.

IV. – Premières traces d'une différenciation régionale : le protovillanovien

C'est vers la fin de l'âge du bronze qu'on commence à saisir l'existence de traits particuliers qui permettent de distinguer au sein de la péninsule les régions où, plus tard, se développera la civilisation étrusque. Bien sûr, à ce stade, nous n'avons pas de témoignages littéraires qui nous permettent de cerner avec précision ce qui se passe alors en Toscane : nous aurons à revenir sur les textes qui nous parlent des origines étrusques, qu'il ne faut absolument pas prendre pour des récits historiques. Nous n'avons pas encore non plus de témoignages épigraphiques, ces inscriptions que nous ont laissées les Étrusques, rédigées dans leur langue et dans leur écriture, qui puissent nous assurer de l'identité de leurs auteurs : l'écriture, empruntée aux Grecs, ne fait son apparition en Étrurie que vers la fin du VIIIe siècle. Pour ces époques, nous en sommes réduits à ce qu'on peut déduire de l'analyse des données archéologiques. Et on sait combien il est risqué de tirer des conclusions ethniques de la considération des faits matériels : il n'en reste pas moins qu'on constate à ce moment, dans ce qu'on a appelé la phase protovillanovienne, une rupture nette avec la situation qui prévalait auparavant.

Cette culture protovillanovienne, qui se situe chronologiquement aux XIIe et XIe siècles, n'est, comme son nom l'indique, que la phase primitive de la culture villanovienne qui s'épanouira ensuite, jusqu'à l'apparition d'une culture proprement étrusque, au VIIIe siècle. Cette dénomination fut adoptée à la suite de la découverte, en 1853, par l'archéologue italien Giovanni Gozzadini, sur le site de Villanova, à 8 km à l'est de Bologne, d'une nécropole présentant le rite de l'incinération, où les restes des défunts étaient recueillis dans des vases de céramique d'une argile imparfaitement épurée, appelée *impasto,* présentant la forme de deux troncs de cônes se rejoignant à la base (d'où le nom de vases biconiques) ; l'ouverture en était fermée par une coupe d'*impasto* et ces dépositions étaient accompagnées de quelques éléments de mobilier, soit en céramique (cruches, coupes, tasses) soit en métal (fibules, bracelets et rasoirs). On repéra rapidement d'autres nécropoles du même type – d'abord à Bologne, Tarquinia, Bisenzio – et, par la suite, on fouilla des zones d'habitat qui pouvaient être rapportées à la même culture. Il s'agissait là du villanovien proprement dit. Mais on découvrit aussi des manifestations d'une culture analogue, avec des formes de vases ou d'objets de métal typologiquement plus anciennes : on donna logiquement à ces manifestations primitives de la même culture incinérante le nom de protovillanovien.

Le caractère incinérant de cette culture représente une rupture par rapport à ce qu'on trouvait précédemment. La Toscane, au cours de l'âge du bronze et jusqu'au XIIIe siècle, était un des secteurs où s'était manifestée la culture dite appenninique, qui s'étendait sur la presque totalité de l'Italie péninsulaire : fondée sur une économie surtout pastorale – comme le montre la présence de nombreux vases liés au travail du lait – avec une concentration le long des voies de parcours du bétail, elle recourait au rite funéraire de l'inhumation, enterrant ses morts allongés dans des fosses. Avec le protovillanovien, le rite change : on a désormais l'incinération dans ces vases biconiques typiques. Par ailleurs l'exploitation du territoire, à fins agricoles, s'intensifie et on constate un essor démographique sensible : on connaît actuellement près de 70 établissements en Toscane, installés sur des sites bien défendus, où les objets métalliques, notamment ceux liés au travail des champs, sont abondants.

En fait, le passage de l'inhumation à l'incinération correspond à l'introduction, dans l'Italie péninsulaire, d'un rite funéraire qui, au cours de l'âge du bronze, s'était diffusé dans toute l'Europe centrale, et où les restes des défunts étaient recueillis dans des vases regroupés en des nécropoles uniformes qui ont fait donner à cette culture le nom de « culture des champs d'urnes ». Dans ces secteurs, la diffusion du nouveau rite paraît liée à des populations indo-européennes, et précisément des groupes celtiques. Mais, pour l'Italie – au moins en dehors des zones alpines où, avec les Lépontiens établis dans la région des grands lacs, on a affaire à des Celtes –, l'incinération, telle qu'elle se développe dans le cadre de la culture protovillanovienne puis villanovienne, se rencontre dans des zones où, plus tard, la présence étrusque est attestée, c'est-à-dire non seulement la Toscane, mais aussi l'Émilie en zone padane et la Campanie, qui appartinrent, au moins à un certain moment, au monde étrusque. Inversement, ces régions se distinguent désormais de celles où la vieille culture appenninique, puis subappenninique se prolonge dans celle dite « des tombes à fosses », dont le nom indique la persistance de l'ancien rite inhumant. Cette culture des tombes à fosses se manifeste dans des régions où, plus tard, on rencontrera des groupes italiques, l'Ombrie, la Sabine et les zones samnites, la Latium témoignant pour sa part d'une culture mixte, dite latiale, où se superposent les influences villanoviennes et celles de la culture des tombes à fosse.

V. – **Le villanovien : continuités et ruptures**

La phase villanovienne s'inscrit dans la continuité de la phase précédente, avec le recours au même rituel de l'incinération dans les ossuaires biconiques. Mais, sur d'autres points, il se produit des transformations notables, au point que la grande spécialiste de cette culture, Gilda Bartoloni, a pu parler de « révolution villanovienne ». Vers 900, on assiste à l'abandon de beaucoup des sites occupés à la période antérieure. Au lieu de petits habitats dispersés sur toute la région, là où s'offraient des possibilités naturelles de défense, on trouve presque toujours des groupements de villages, pourvus de leurs nécropoles, situés à peu de distance les uns des autres sur des plateaux ou des collines voisines, tandis que des zones presque vides apparaissent dans les intervalles. Dès lors les sites sur lesquels s'élèveront les futures cités étrusques, comme Véies, Caeré, Tarquinia, Vulci, Orvieto, Chiusi, Vetulonia accueillent des groupes de villages, dont les cabanes, variées tant dans leur forme (rectangulaire, allongée avec les extrémités arrondies, ovale) que leurs dimensions (de 4 à 15 m), ont laissé leur empreinte sur le sol par les rigoles qui entouraient leurs murs de torchis et les trous où s'enfonçaient les poteaux servant à soutenir leur toit de branchages. Leur apparence est bien connue par les urnes-cabanes, reproductions en céramique, et parfois en bronze, réceptacles funéraires qu'on trouve dans certaines tombes du sud de la Toscane et du Latium, qui désignaient vraisemblablement le défunt comme maître de maison et chef du groupe familial.

On a là la trace d'une structuration de la société dont les nécropoles témoignent alors, contrastant avec la relative uniformité et la modicité générale de la phase précédente. Au cours des trois périodes entre lesquelles se divise la phase villanovienne (première phase : en gros de 900 à 830 ; deuxième phase : de 830 à 770 ; troisième phase : de 770 à 725), le mobilier funéraire s'enrichit et se diversifie. Si dès le début la distinction entre tombes masculines (caractérisées par la présence d'un rasoir et de certains types de fibules, comme celles dites en dragon) et féminines (avec d'autres types de fibules, comme celles dites en sangsue, et des fusaïoles et pesons qui dénotent déjà la présence de l'image idéale de la *mulier lanifica,* la matrone fileuse qu'illustrera à Rome la figure de Lucrèce) est nette, on voit bientôt apparaître d'autres facteurs de distinction. La fonction militaire des hommes peut être soulignée par la présence de lances, d'épées et de casques en bronze, comme les exemplaires à crête qui surmontent parfois les ossuaires, ou de grands boucliers circulaires en tôle de bronze orné d'un décor au repoussé. Certains sont clairement connotés comme des maîtres de chevaux, par le dépôt de mors, voire de chars, les tombes à char faisant leur apparition.

Une aristocratie s'affirme nettement et elle montre son statut par le luxe dont elle entoure ses défunts. Certains mobiliers funéraires forment de véritables services. Les objets d'importation font leur apparition : ainsi, à Vulci, une cruche décorée du motif dit « à la tente » de la première moitié du VIIIe siècle, dénote des contacts avec le pays oenôtre, en Italie du Sud, et trois petits bronzes sardes (un homme, un panier et un escabeau), provenant de la même tombe féminine de la fin du IXe siècle, témoignent d'échanges matrimoniaux entre les aristocraties de l'île et celles du continent, la défunte devant être une Sarde qui avait épousé un Étrusque de Vulci. Mais ce sont surtout les pièces exotiques, apportées par les navigateurs grecs et phéniciens, qui se font remarquer. Les contacts avec le monde grec et oriental n'ont sans doute jamais été inexistants. Pour la période antérieure, la trouvaille de tessons mycéniens et submycéniens à Luni sul Mignone, San Giovenale, Montre Rovello montre que l'Italie ne restait pas à l'écart des échanges et mouvements qui se faisaient alors dans le monde méditerranéen. Mais, à partir de la fin du IXe siècle, au temps de la précolonisation puis de la fondation des premiers établissements helléniques permanents en Italie, on assiste à un énorme accroissement quantitatif. À Véies, Tarquinia, et aussi à Capoue et Pontecagnano, dans les zones de culture villanovienne en Campanie, les coupes à chevrons ou ornées de métopes à décor d'oiseaux, de production eubéenne, attestent des premiers rapports noués avec les Hellènes.

Ce monde villanovien montre ainsi une vitalité et une cohésion qui font que, justement, il resta toujours en dehors de la zone de colonisation grecque. Il manifeste au contraire un dynamisme notable, qui déborde des limites de la Toscane. On rencontre en effet cette culture dans les deux régions qui formèrent plus tard les provinces extérieures de l'Étrurie : au nord, dans la plaine du Pô, avec l'Émilie autour de Bologne et la Romagne, autour de Verucchio, et au sud, en Campanie, où la culture villanovienne est largement présente, autour de Capoue, et aussi dans la région de Salerne, avec les sites de Pontecagnano et Capodifiume, et jusque dans le Val di Diana avec Sala Consilina. On constate même la présence d'un noyau villanovien isolé sur le versant oriental de l'Apennin à Fermo, dans la province d'Ascoli Piceno, qui n'eut pas de suite à l'époque étrusque mais atteste de l'expansion de ces Villanoviens.

Nous avons appelé Villanoviens les porteurs de cette culture. Mais on peut déjà les appeler Proto-Étrusques. C'est en effet du sein même de cette culture villanovienne que naquit la civilisation étrusque de l'âge suivant, pour laquelle la présence d'inscriptions rédigées dans leur langue atteste sans contestation possible qu'on se trouve en présence d'Étrusques. On peut d'ailleurs noter qu'à Bologne où le faciès villanovien s'attarda au cours du VIIe siècle, alors que la Toscane était déjà passée à des formes culturelles nouvelles, les plus anciennes inscriptions étrusques – qui datent des environs de 700 et ne sont donc pas postérieures à celles qui sont connues pour l'Étrurie propre – sont portées sur des vases et autres objets de facture typiquement villanovienne.

Aussi ne peut-on plus dénier à ces Villanoviens, et sans doute par-delà aux Proto-Villanoviens, de ces régions, un caractère étrusque, ou si on veut proto-étrusque. L'absence de solution de continuité, que l'étruscologue italien Massimo Pallottino avait soulignée dans un article de 1939[1], entre les phases villanoviennes et celles qui suivent, fait qu'on ne peut plus

1. Sulle facies culturali arcaiche dell'Etruria, *Studi Etruschi,* 13, 1939, p. 85-129 ; repris dans *Saggi di antichità,* Rome, Giorgio Bretschneider, 1979, 1, p. 49-89.

imaginer aujourd'hui, comme on le faisait autrefois, que vers le VIIIe siècle, c'est-à-dire au moment où Grecs et Phéniciens se lançaient sur les routes maritimes de l'Occident et y fondaient leurs colonies, un groupe d'émigrants venus du bassin oriental de la Méditerranée se soit établi en Toscane et y ait donné naissance au peuple étrusque. L'Étrurie historique que nous connaissons doit sans doute beaucoup, dans ses manifestations culturelles et sur des points importants de sa civilisation, aux apports extérieurs qui ont alors transformé la vieille culture villanovienne. Mais il n'y eut pas de rupture fondamentale et un facteur essentiel fut la capacité de résistance, la permanence de traits d'identité propres dont le monde villanovien sut faire preuve, s'adaptant aux conditions nouvelles sans perdre sa spécificité.

Un des traits les plus remarquables de cette permanence est qu'on voit dès lors l'Étrurie se structurer autour des centres qui seront ceux de la période classique. Nous l'avons dit, les sites des principales villes étrusques furent occupés dès l'époque villanovienne par des groupements d'habitats qu'on peut qualifier de proto-urbains. Depuis longtemps, les prospections menées sur le site de Véies par l'École britannique de Rome, avec J. B. Ward Perkins, avaient permis de repérer, en différents points du plateau de 190 ha délimité par les vallées encaissées des Piordo, Valchetta et Crémère, des villages villanoviens, avec leurs nécropoles. Des liens existaient certainement entre ces habitats voisins : on les voit se concrétiser au cours du VIIIe siècle, lorsque certains sites extérieurs furent abandonnés, le plateau se peupla plus densément et bientôt émergea, sur l'avancée de Piazza d'Armi, ce qui fut le pôle de toute la communauté. Dans ce cas, on peut parler de synœcisme (c'est-à-dire de la réunion d'habitats auparavant indépendants). On se gardera néanmoins d'appliquer un modèle unique à tous les cas. Tarquinia montre un processus différent : au IXe siècle, à côté du plateau de la Civita, sur lequel s'élèvera la cité historique, on constate la présence de noyaux d'habitats importants sur d'autres plateaux, au Calvario, à l'Infernaccio, disposant de leurs propres cimetières, où se marque une stratification sociale complexe qui montre qu'on a affaire à des groupes organisés, avec leurs chefs dont les tombes se signalent par leur mobilier particulièrement riche. Ces zones resteront en dehors de la cité historique : il faut donc penser à une évolution autre que celle qui s'est produite à Véies, peut-être avec la suprématie brutalement affirmée d'un groupe sur les autres. Mais, quel que soit le déroulement des faits, on constate dans tous les cas le même point essentiel : la cité des temps ultérieurs ne fait que prolonger une réalité proto-urbaine d'époque villanovienne.

VI. – Le problème des origines étrusques : les thèses en présence

L'émergence de l'Étrurie historique peut donc apparaître comme le résultat d'un long processus, dont nous voyons les prémices se dessiner vers la fin de l'âge du bronze et qui aboutit, peu à peu, sous l'effet tant des virtualités internes que des apports reçus de l'extérieur, à la brillante civilisation dont le souvenir impressionnait encore les Romains de la fin de la République ou de l'Empire. On n'y rencontre à aucun moment – fût-ce lors de la « révolution villanovienne » ou, plus tard encore, à l'époque orientalisante où les produits venus du monde égéen et oriental arrivent en quantité dans le pays tyrrhénien – de véritable solution de continuité.

Or une telle présentation est en contradiction avec l'idée que la plupart des Anciens, et bien des Modernes à leur suite, s'étaient faite des Étrusques. Dans l'Antiquité déjà, on s'était interrogé sur l'origine des Étrusques, et on les considérait le plus souvent comme des Lydiens d'Asie Mineure venus s'installer en Italie à la suite d'une migration par voie de mer. C'était la doctrine du « père de l'histoire », l'historien grec Hérodote, qui, au ve siècle, dans son *Enquête* (I, chap. 94), racontait comment, au cours d'une famine, le roi Atys de Lydie avait expédié une partie de son peuple fonder une colonie en Italie sous la conduite de son fils Tyrrhènos, qui allait laisser son nom au nouveau peuple ainsi formé, les Étrusques, appelés Tyrrhènes en grec.

L'autorité d'Hérodote fut telle que son avis fut repris par la plupart des auteurs antiques qui abordèrent la question, au point que les poètes latins utilisaient d'une manière interchangeable les noms *Lydi* (Lydiens) et *Tusci* ou *Etrusci* (Étrusques), selon les nécessités métriques, pour désigner cette population. Cela donna naissance à la thèse de l'origine lydienne des Étrusques, qui a encore un certain succès de nos jours et qui pose ce peuple comme résultant d'une migration à partir de l'Asie Mineure.

Cependant ce n'était pas la seule façon dont les Anciens se représentaient la migration qui aurait amené les Étrusques dans la région où ils étaient établis à l'époque historique. Une doctrine sans doute un peu plus ancienne, représentée par un autre historien grec du Ve siècle, Hellanicos de Lesbos, identifiait les Étrusques aux Pélasges. Les Hellènes attribuaient ce nom à un peuple plus ou moins légendaire, dont on disait qu'il avait été établi à date ancienne dans l'Hellade et les îles de l'Égée, d'où les Grecs les avaient chassés pour s'installer à sa place. Un groupe de ces Pélasges, expulsés par les Grecs de Thessalie, serait parti en direction de l'Adriatique, là où s'élevait à l'époque d'Hellanicos le port étrusque de Spina, puis, à partir de là, aurait conquis le territoire qui allait devenir l'Étrurie (Hellanicos, cité par Denys d'Halicarnasse, I, chap. 28). Cette thèse pélasgique diffère de la thèse lydienne d'Hérodote, dont le succès la fera rapidement disparaître ; mais elle s'apparentait à elle dans la mesure où elle posait les premiers Étrusques comme des immigrés, des colons venus de la zone égéenne.

Les thèses lydienne et pélasgique font du peuple étrusque le résultat d'une migration. Mais cette vision ne faisait pas l'unanimité chez les Anciens. Un Grec qui vivait au temps d'Auguste, Denys d'Halicarnasse, dans les *Antiquités romaines* où il relatait les périodes les plus anciennes de l'histoire de Rome, s'opposait tant aux vues d'Hérodote qu'à celles d'Hellanicos et définissait les Étrusques comme des autochtones (I, chap. 26-30) : leur peuple aurait de tout temps habité en Italie et ne devrait rien à une migration d'éléments venus d'ailleurs. Même s'il fait figure d'isolé dans notre documentation, Denys n'a pas inventé cette théorie : il se réfère à des auteurs – certainement grecs – qu'il ne précise pas davantage, mais dont il serait gratuit de supposer qu'ils soient sortis de son imagination. On voit par là que la vision des origines étrusques était contrastée dans l'Antiquité. La diffusion de la thèse hérodotéenne ne doit pas imposer l'idée que c'était une doctrine unanimement admise. Il faut également tenir compte de l'existence de celle qui faisait des Étrusques d'anciens Pélasges, et de celle de l'autochtonie, qui voyait en eux un peuple indigène d'Italie.

Pour compliquer les choses, une théorie élaborée par les Modernes est venue s'ajouter à ces trois thèses antiques. Œuvre de l'érudit français Nicolas Fréret, qui l'exposa dans un ouvrage paru en 1753, *Recherches sur l'origine et l'ancienne histoire des différents peuples de l'Italie,* elle séduisit un certain nombre des grands noms de la science allemande du siècle suivant, de Nicolas Niebuhr à Theodor Mommsen. Elle se fondait sur la ressemblance entre le nom que, selon Denys d'Halicarnasse, les Étrusques se donnaient dans leur propre langue, *Rasenna,* et celui des Rhètes (latin *Raeti*), population établie dans la partie centrale de la zone alpine de l'Italie, qui parlait, selon le témoignage des auteurs anciens, confirmé par les inscriptions trouvées dans cette région, une langue apparentée à l'étrusque. Mais nous pouvons ne pas nous attarder sur cette thèse, sans garant dans la tradition antique : si les Rhètes sont effectivement un peuple apparenté aux Étrusques, il est exclu qu'on puisse expliquer la naissance de l'Étrurie comme le résultat d'une migration de cette peuplade sans grande vitalité, établie dans des zones refuges des montagnes. Et si des traits de la civilisation villanovienne, comme le recours à l'incinération, invitent à regarder vers le nord et la zone de diffusion des champs d'urnes, il n'y a aucune conséquence à en tirer sur le plan ethnique : les champs d'urnes sont liés à des populations indo-européennes, à rattacher vraisemblablement au groupe celtique, qui n'ont rien à voir avec les Étrusques.

VII. – Impossibilité d'aboutir à une solution tranchée

Même débarrassée de la théorie de l'origine septentrionale, la problématique des origines étrusques apparaît donc singulièrement compliquée. Et ce ne sont pas les arguments apportés à l'appui de chacune des thèses par les savants modernes qui permettent d'y voir plus clair : aucun n'est décisif, tous peuvent être retournés.

C'est ainsi qu'on avait cru trouver une preuve décisive de l'origine orientale des Étrusques lorsqu'on découvrit en 1885 à Lemnos, île du nord de l'Égée dont les auteurs antiques disaient qu'elle avait été peuplée par des Tyrrhènes, et donc par une population portant le même nom que les Étrusques d'Italie, une stèle de la fin du VIe siècle portant une longue inscription rédigée dans une langue tout à fait comparable à l'étrusque. On y vit aussitôt une trace que les Étrusques auraient laissée de leur implantation originelle en Orient, liée à des éléments restés sur place lorsque la migration narrée par Hérodote les avait amenés en Italie. On estimait trouver une confirmation de cette implantation primitive dans le bassin oriental de la Méditerranée dans le nom de *Tursha* porté par certains des « peuples de la mer » qui, au XIIIe puis au XIIe siècle, tentèrent d'envahir l'Égypte, d'où ils furent repoussés, et exercèrent leurs ravages sur la côte levantine, y détruisant de nombreuses cités, comme Ougarit qui ne s'en releva pas.

Mais ces données ne prouvent nullement l'existence ancienne des Étrusques en Orient. On a pu estimer que les Tyrrhènes de Lemnos, loin d'être des Étrusques restés sur place, au moment où leurs compatriotes partaient vers l'ouest, résultaient d'un mouvement inverse : des Étrusques seraient venus d'Italie dans les mers jouxtant la Grèce pour y exercer cette piraterie que leur reprochaient les Grecs. De même, dans le vaste mouvement des peuples de la mer, qui doit être replacé dans un climat de bouleversement généralisé – nous sommes à l'époque qui voit en Grèce la fin des palais mycéniens et en Asie Mineure celle de l'Empire hittite –, bien des peuples étaient impliqués : dans les listes fournies par les sources égyptiennes, on repère des Lyciens, des Danaens qui sont des Grecs. Il n'est pas exclu que certains groupes soient partis d'Italie. On l'a proposé pour les *Shardana,* qui seraient pour certains des Sardes de Sardaigne (d'autres, il est vrai, les rapportent à la capitale de la Lydie, Sardes) : dans un monde où les Grecs mycéniens avaient des relations suivies avec l'Italie, un tel mouvement aurait pu fort bien affecter des Étrusques, ou des Proto-Étrusques établis dans la péninsule – si tant est qu'il y en avait à cette époque.

Il est cependant au moins un argument souvent avancé en faveur de l'hypothèse d'une origine orientale qu'on peut résolument écarter : celui qu'on croyait pouvoir inférer de la présence de nombreux objets orientaux dans les tombes étrusques des VIIIe et VIIe siècles, et de la prédilection que manifeste l'art étrusque de cette époque pour les images de lions, panthères, sphinx qui renvoient bien évidemment à l'Orient. Outre, nous l'avons souligné, que rien n'atteste d'une rupture à cette époque qui témoignerait de l'arrivée d'un peuple nouveau, cette imagerie se retrouve également en Grèce, ce que nul ne songerait à expliquer comme l'effet d'une conquête par des éléments venus d'Orient. En fait nous sommes dans le domaine des représentations, des conventions artistiques. On a affaire à ce qu'on a appelé l'orientalisant et, en Étrurie pas plus qu'ailleurs, la diffusion de cette mode ne doit être traduite en termes ethniques. Elle ne saurait, dans le cas des Étrusques, être expliquée par l'établissement dans le pays, à cette époque, d'une population venue d'Orient.

VIII. – **Une problématique héritée de l'Antiquité**

Assurément, la formation du peuple étrusque, tel que nous le connaissons, continue à susciter des interrogations. En particulier, ainsi que le notait déjà Denys d'Halicarnasse, la langue étrusque (qui n'appartient pas à la famille indo-européenne) ne ressemble à aucune autre langue connue. Lui-même en tirait la conclusion que les Étrusques étaient des indigènes de l'Italie, qui avaient conservé l'idiome parlé dans la péninsule avant l'établissement des autres peuples. Mais certains continueront à penser que cette langue a été apportée par des émigrants venus d'Orient qui auraient établi leur contrôle sur la région, par exemple lors des transformations de la fin de l'âge du bronze qui, avec les mouvements des « peuples de la mer », ont vu des groupes humains se déplacer à travers la Méditerranée. Force est de reconnaître que ni l'explication autochtoniste, ni celle par des faits de migration ne s'impose. Et sans doute les diverses thèses continueront-elles à avoir leurs partisans à l'avenir comme c'était déjà le cas dans l'Antiquité.

Mais l'essentiel est ailleurs. À la suite d'une sorte de révolution copernicienne apportée par un petit livre de M. Pallottino, paru à Rome en 1947, *L'origine degli Etruschi,* les étruscologues actuels considèrent que le problème des origines étrusques a été en fait mal posé. Il avait été toujours formulé en termes de dérivation, comme si la formation du peuple étrusque historique et de sa civilisation pouvait s'expliquer par un facteur unique, qui aurait été l'origine de ses habitants. Pas plus que le peuple français – comparaison à laquelle M. Pallottino se référait – ne peut être expliqué à partir des Gaulois, Romains, Germains, arrivés successivement sur le sol de la France actuelle et dont les apports se sont mêlés et combinés pour former une entité qui n'est réductible à aucune de ses composantes, le peuple étrusque n'est tributaire d'une origine unique. La permanence d'éléments locaux, y compris par-delà le protovillanovien, est indéniable. Mais on ne saurait non plus faire abstraction des apports extérieurs, que ce soit ceux venus du nord, comme le rite de l'incinération, ou ceux venus d'au-delà des mers, et cela à plusieurs reprises et non à un seul moment. C'est le processus qui, à partir de ces éléments divers, a abouti au résultat que nous connaissons, c'est-à-dire l'Étrurie, comme elle apparaît au moment où le pays s'ouvre à l'histoire avec ses contacts avec les Grecs et le monde oriental, qui mérite d'être pris en considération et il est inutile de se perdre dans une problématique dont les termes mêmes sont sujet à critique.

Il peut dès lors paraître étonnant qu'une telle problématique ait eu une si grande importance dans l'histoire de l'étruscologie. Mais, telle qu'elle a été reprise par les savants modernes, elle ne faisait que prolonger un débat qui s'était instauré dans l'Antiquité. Nous l'avons vu, trois thèses différentes coexistaient chez les Anciens, celles de l'origine lydienne, de l'origine pélasgique et de l'autochtonie. Et, lorsqu'un historien ancien comme Denys d'Halicarnasse traitait de l'origine des Étrusques, il le faisait déjà en confrontant les thèses en présence, en les discutant et en concluant en faveur de celle qui lui paraissait la mieux fondée, avec donc une rigueur scientifique apparemment parfaite.

Mais il y a là une apparence dont il ne faut pas être dupe. Car, dans l'Antiquité, la question des origines n'était pas une question neutre, et ne répondait pas à des préoccupations scientifiques. Elle visait à présenter un peuple d'une certaine manière, positive ou négative. Faire des Étrusques des autochtones, c'est-à-dire un peuple indigène de la péninsule, revenait à dire qu'ils étaient des barbares, sans rien de commun avec les Hellènes et leurs valeurs. Aussi, loin de répondre à une vieille tradition nationale des Étrusques comme certains l'ont cru, cette thèse a-t-elle dû être élaborée par les Grecs de Syracuse, à l'époque du tyran Denys, quand ils disputaient aux Étrusques le contrôle des mers autour de l'Italie. Ces ennemis des Étrusques s'inscrivaient ainsi en faux contre les thèses alors existantes, celles faisant d'eux d'anciens Pélasges ou des colons lydiens, qui étaient au contraire propagées par des Grecs qui avaient de bonnes relations avec eux, comme ceux d'Athènes, qui étaient unis à eux dans de fructueux échanges commerciaux.

À l'inverse, par-delà leurs différences, les thèses lydienne et pélasgique avaient en commun de donner une image positive des Étrusques, de les rapprocher des Grecs. La doctrine lydienne expliquait la naissance de l'Étrurie par un récit de colonisation semblable à celui que les Hellènes faisaient de la fondation de leurs propres colonies, qui apparaît d'ailleurs comme un véritable patchwork de motifs légendaires grecs. Faisant des Étrusques d'anciens Lydiens, elle les insérait dans l'univers des Grecs, tout en tenant compte du fait qu'ils n'étaient pas vraiment des Hellènes, ne parlaient pas grec. Il en allait de même pour leur identification aux Pélasges, qui étaient rattachés au sol de l'Hellade lui-même. Dans ce cas, la genèse de la doctrine se laisse appréhender : la place attribuée au port de Spina dans le récit montre que l'histoire a été élaborée dans le cadre des échanges qui se faisaient entre Grecs et Étrusques par ce port padan, et dont l'archéologie témoigne de l'intensité entre la fin du VIe et le début du IVe siècle. On a affaire à ce qu'on appelle des traditions de *suggéneia,* de parenté : il était d'usage alors de fonder l'existence de bons rapports, diplomatiques, militaires ou commerciaux, sur l'affirmation d'une parenté entre les peuples. Celle-ci pouvait être artificielle – on songera au passage du premier livre des Macchabées, dans la Bible, où l'alliance conclue entre Spartiates et Juifs est présentée comme fondée sur une prétendue descendance des Spartiates d'Abraham (12, 5-23) –, il n'en reste pas moins qu'on éprouvait le besoin d'avancer de telles justifications.

C'est donc dans ces termes, qui n'ont rien de scientifique, que les différentes thèses sur l'origine des Étrusques ont été élaborées et que le débat s'est engagé. Car, même lorsque nous avons affaire à ce qui nous semble être une pure discussion intellectuelle, comme c'est le cas dans les chapitres que Denys d'Halicarnasse consacra à la question (*Antiquités romaines,* I, chap. 26-30), le discours est biaisé, poursuit des fins qui ne sont pas désintéressées. Denys rédigea son ouvrage historique pour démontrer la thèse, absurde à nos yeux mais compréhensible pour un Hellène qui voulait réconcilier ses compatriotes avec leur vainqueur romain, selon laquelle les Romains étaient des Grecs. C'est à ce titre qu'il traita des Étrusques : car sa thèse avait pour corollaire que les Romains étaient la seule population d'origine grecque en Italie, qui pût se vanter d'une *suggéneia* hellénique. Ce qui impliquait qu'il combattît les traditions attribuant une origine hellénique, ou même simplement rapprochant des Grecs d'autres peuples de la péninsule. C'était le cas en particulier des Étrusques, grâce aux thèses lydienne et pélasgique. C'est pourquoi Denys rejetait ces deux doctrines et alla chercher la thèse autochtoniste, qui avait été l'œuvre d'adversaires des Étrusques, les Syracusains. Même s'il le fit avec une présentation en apparence objective et purement scientifique, au point qu'on l'a souvent surnommé « le premier des étruscologues », sa démarche n'avait rien de celle d'un savant désintéressé. Elle témoignait d'un parti pris – mais celui-ci ne fait que montrer la véritable portée du débat, qui était d'attribuer aux Étrusques une origine les connotant positivement ou négativement aux yeux des Grecs.

Si on considère la manière dont le débat s'est poursuivi après l'Antiquité, on constate que les Modernes n'ont fait que s'inscrire dans la ligne de ce qu'un historien ancien comme Denys d'Halicarnasse avait fait. Ils ont, à leur tour, recensé les différentes thèses, les ont discutées, critiquées, opposées et comparées les unes aux autres. Il est temps de ramener cette problématique à ses justes dimensions. Comme un étruscologue italien, M. Cristofani, le relevait en 1984 : « Rapportée à l'érudition antique qui lui a donné naissance, la question des origines qui a tellement contribué à alimenter le "mystère" étrusque, a la même signification que celle des origines troyennes pour les Romains : la projection dans un passé légendaire d'une réalité contemporaine, faite pour des motifs de propagande. »[1] Elle nous apprend plus sur les Étrusques des temps historiques, et leurs rapports avec les Grecs d'alors, que sur leur propre passé.

1. M. Cristofani, *Gli Etruschi, una nuova immagine,* Florence, Giunti, 1984, p. 11 ; trad. franç. *Les Étrusques,* Paris, Nathan, 1986, p. 11.

Chapitre II

LES CITÉS ÉTRUSQUES DES SIÈCLES D'OR

I. – L'Étrurie des douze cités

Dès l'aube de son histoire, l'Étrurie apparaît comme un monde de cités. Le récit d'Hérodote sur la migration de Tyrrhènos l'exprime bien : dès son arrivée sur le sol italien, le légendaire fondateur aurait établi des cités, les villes entre lesquelles se répartissait le territoire étrusque. Les Grecs n'étaient donc pas surpris par ce pays qui, pour être peuplé par une population qui ne parlait pas grec, et qui était donc barbare, au sens premier du terme, qui est d'ordre linguistique, mais n'en offrait pas moins une organisation semblable à celle de l'Hellade, et par là avait atteint ce qui était à leurs yeux le signe d'une civilisation évoluée, le régime des cités.

Pour que les Étrusques en arrivent là, point n'était besoin qu'ils fissent l'objet d'une colonisation qui y établît le modèle de la *polis* grecque, comme le suggéraient les récits faisant appel aux Pélasges ou aux Lydiens. Les cités étrusques se sont formées dans la continuité des agglomérations proto-urbaines que nous voyons prendre forme, progressivement, au cours de la période villanovienne. Il n'est sans doute pas plus nécessaire de faire appel à un modèle étranger, celui des douze cités de la ligue ionienne, pour expliquer que ce peuple se soit donné une organisation fédérale à travers laquelle se manifestait l'identité de ce que les Latins appelaient le *nomen Etruscum,* la nation étrusque.

Les Anciens nous parlent en effet d'une structure fédérale des Étrusques, articulée sur douze cités, et, si les Latins utilisaient le terme de « peuple », *populus,* parlant des *XII populi Etruriae,* les Grecs insistaient sur la nature de cités-États de leurs composantes, en recourant au mot *dodécapole,* c'est-à-dire douze cités. L'analogie avec la dodécapole ionienne ne doit pas faire conclure à un emprunt. Les Étrusques, à l'instar de bien d'autres peuples, ont dû se donner, dès les temps les plus reculés, une structure qui leur permît de concrétiser leur appartenance à un même ensemble ethnique. Que de tels ensembles regroupassent douze unités est un fait banal, qui ne se limite pas au cas de la dodécapole ionienne ou à celui de l'amphictyonie delphique : il suffit de songer aux douze tribus d'Israël.

Mais c'est peut-être le cas, voisin et mieux connu, de la ligue latine qui permet le mieux de saisir ce qu'était cette fédération étrusque. Car le *nomen Latinum* aussi s'était donné une structure fédérale, regroupant l'ensemble des Latins. Cette fois l'organisation s'était faite sur la base de trente unités, *XXX populi Latini,* les trente peuples latins, mais le fonctionnement était identique à ce que nous entrevoyons pour la fédération étrusque. Car ce qui exprimait l'identité commune des Latins, leur appartenance à un même peuple, n'était pas d'ordre politique ou militaire. Ce n'est que peu à peu que la ligue, à travers ses réunions, s'est donné un rôle de cet ordre, aboutissant à des décisions communes et mettant sur pied une armée formée par les contingents des différentes cités et commandée par un chef fédéral, le dictateur latin. Au départ, la finalité de cette fédération était religieuse et c'est à l'occasion de célébrations communes que les trente peuples latins exprimaient leur appartenance au même peuple : les féries latines les rassemblaient chaque année sur le site de l'antique métropole d'Albe-la-Longue, au cœur du massif des monts Albains, au centre du pays, où ils rendaient tous ensemble un culte à un Jupiter portant l'épithète de Latiar, c'est-à-dire « latin ». Ils exprimaient très concrètement leur unité par l'offrande d'un bœuf, qui était ensuite partagé en trente parts entre les représentants des trente partenaires de la ligue.

Il y a là un rite très ancien, et une forme d'expression de l'identité ethnique, à travers la participation à un culte commun, qui rappelle ce qu'ont représenté pour le monde grec les sanctuaires panhelléniques et leurs fêtes, et qui éclaire le peu que nos sources nous disent pour le monde étrusque. Tite-Live mentionne à cinq reprises, pour la période 434-389, les réunions de la ligue étrusque au *fanum Voltumnae,* sanctuaire dédié au dieu Voltumna. Il s'intéresse surtout aux discussions politiques entre les représentants des douze cités, notamment pour savoir si les autres Étrusques devaient venir au secours de Véies, attaquée par les Romains qui s'emparèrent d'elle en 396 après un siège auquel la tradition, visiblement sur le modèle prestigieux de la guerre de Troie, attribuait une durée de dix ans. Mais son texte montre que ces réunions avaient, ici encore, une finalité au départ religieuse :

on y honorait le dieu Voltumna, défini par le poète Properce, comme le « premier de l'Étrurie » par des jeux – nous ne sommes pas loin de Delphes ou d'Olympie ! – que présidait un célébrant choisi par les délégués des douze cités.

Bien des questions restent en suspens à propos de cette ligue étrusque, même si la localisation du *fanum Voltumnae,* que ne précise pas Tite-Live mais pour laquelle d'autres témoignages permettaient de penser à Volsinies (qui deviendra l'Orvieto médiévale), paraît confirmée par des fouilles récentes, qui ont permis de retrouver les traces d'un ensemble monumental sur le Campo della Fiera, au pied du plateau sur lequel s'élevait la cité. Il n'est pas certain que cela ait été le seul lieu de réunion de la ligue, ni que le *fanum Voltumnae* ait eu ce rôle à toutes les périodes : on a suggéré que le grand temple de l'Ara della Regina, à Tarquinia, ait eu lui aussi une fonction de sanctuaire panétrusque, à une période de prépondérance de cette cité au sein de la fédération. La désunion des cités étrusques, sur laquelle un article fameux de L. Pareti avait attiré l'attention[1], a pu s'exercer ici. Il n'est pas sûr non plus que le *zilath mechl rasnal,* que mentionnent plusieurs inscriptions, ait été un *zilath* (magistrat) fédéral mis chaque année à la tête de la ligue, l'équivalent du *praetor Etruriae,* le préteur d'une Étrurie désormais passée à quinze peuples, que nous font connaître des inscriptions latines d'époque impériale : à l'interprétation traditionnelle de « préteur du

1. L. Pareti, La disunione politica degli Etruschi e i suoi riflessi storici ed archeologici, *Rendiconti della Pontificia Accademia Romana di Archeologia,* 7, 1929-1930, p. 89-100.

peuple étrusque », qui se fondait sur l'équivalence *Rasenna* = Étrusque que posait Denys d'Halicarnasse, on peut préférer celle, avancée récemment, qui voit dans *mechl rasnal* l'équivalent du latin *res publica,* et considère donc ce magistrat comme relevant d'une *res publica,* d'une cité étrusque particulière.

Il n'en reste pas moins assuré que les Étrusques ont constitué, dès le début de leur histoire, une fédération susceptible d'exprimer leur identité nationale, et que celle-ci a pris la forme d'une ligue de douze cités, se réunissant pour rendre en commun un culte à un dieu qui prenait ainsi une valeur de référent du *nomen Etruscum.* L'importance de cette dimension fédérale, conceptuellement essentielle même si elle n'avait guère de conséquences sur le plan militaire ou politique, était telle que, à tort ou à raison, nos sources attribuent la même structuration en douze cités aux projections extérieures de l'Étrurie que furent, pour un temps, la région padane et la Campanie. La première aurait vu se former une dodécapole autour de Bologne, qui à l'époque étrusque portait le nom de Felsina – bien qu'à l'époque romaine la patrie de Virgile, Mantoue, qui avait préservé, mieux que Felsina tombée au pouvoir des Gaulois Boïens, qui lui donnèrent le nom de Bologne, son caractère étrusque (au point que la famille du poète lui avait donné comme *cognomen* un titre de magistrat étrusque, Maro), prétendît lui disputer ce rôle. Il aurait également existé une dodécapole campanienne, ayant à sa tête Capoue, ce que Strabon (V, chap. 4) n'hésitait pas à appuyer par une étymologie faisant appel au latin *caput,* signifiant « tête », quand bien même son nom étrusque avait été *Volturnum.*

Nous n'avons pas donné les noms des douze cités entre lesquelles se répartissait le monde étrusque. Il est difficile de se mettre d'accord sur une liste aussi limitative et les étruscologues ont du mal à éliminer certains noms parmi les cités importantes que nous connaissons, et qui sont plus de douze. Nous sommes sûrs, par les sources littéraires que Véies, Tarquinia, Volsinies, Pérouse, Cortone, Arezzo étaient du nombre et un autel d'époque romaine découvert à Cerveteri, auquel on a donné le nom de « trône de Claude » et sur lequel étaient sculptées des figures symbolisant les peuples étrusques, dont subsistent celles correspondant à Vetulonia, Vulci, Tarquinia, permet d'ajouter les deux premiers noms à la liste. Inversement on sait que Populonia n'en faisait pas partie : elle n'aurait été fondée que tardivement, après la constitution de la ligue. Cela laisse beaucoup d'incertitudes et la liste proposée par M. Torelli[1] – Véies, Caeré, Tarquinia, Vulci, Volsines, Chiusi, Vetulonia, Volterra, Pérouse, Cortone, Arezzo, Fiesole – ne peut avoir valeur que d'hypothèse : on peut être tenté d'y inclure Roselle et Pise, depuis que des fouilles récentes ont permis de découvrir que, loin d'être une création tardive comme on l'avait cru, elle était florissante déjà au VIe siècle. À plus forte raison est-il difficile de proposer des noms pour les douze cités padanes et campaniennes – si tant est que la notion de dodécapole ne résulte pas, pour ces régions, d'une projection artificielle des réalités de l'Étrurie propre (et d'ailleurs un

1. « I duodecim populi Etruriae », Actes du colloque *Volsinii e la dodecapoli etrusca,* Orvieto, 1983 (= *Annali della Fondazione per il Museo C. Faina,* 2, 1985), p. 27-53.

texte de Plutarque, *Vie de Camille,* 16, parle non de douze, mais de dix-huit cités pour la plaine du Pô). Dans le premier cas, on pourra penser bien sûr à Bologne et Mantoue, mais aussi à Spina, Modène, mentionnées dans les textes, à Marzabotto, Verruchio, dont l'archéologie révèle l'importance, dans le second, outre Capoue, à Nola, Suessula, Pompei, Herculanum, Nuceria, Sorrente, Marcina, rapportées aux Étrusques par les auteurs anciens.

II. – Une réalité qui n'est pas seulement matérielle

Mais il n'est sans doute pas essentiel de se fixer sur des listes de douze cités. La situation a pu évoluer et tenir compte des vicissitudes de l'histoire : il est assez probable, par exemple, qu'après la prise de Véies par les Romains, en 396, sa place n'est pas restée vacante, et le fait que, sous l'Empire, on ait un regroupement non plus de douze, mais de quinze peuples, montre qu'on ne doit pas attribuer une valeur absolue à ces considérations numériques. Ce qui est plus important est de noter un certain nombre de traits qui caractérisent la cité étrusque et que nous pouvons dégager soit des rares textes qui jettent une lumière sur la question, soit des analyses – toujours difficiles – que permet l'archéologie.

Les villes étrusques n'étaient pas très grandes. Leur superficie moyenne compte en moyenne une centaine d'hectares, Volsinies (Orvieto) perchée sur son plateau aux flancs abrupts n'en comportant que 75, alors que Tarquinia en couvrait 121. Caeré, avec 148 ha, encore plus Véies, avec 194 ha, faisaient figure de grandes cités par rapport aux autres, mais faisaient pâle figure à côté des grandes métropoles grecques d'Italie du Sud ou de Sicile – Tarente, Sybaris, Crotone, Agrigente ou Syracuse – ou encore de Rome, la dangereuse voisine méridionale, dont la muraille, dès l'époque de Servius Tullius, englobait une superficie de 427 ha (dont au moins 285 pour le territoire des quatre tribus urbaines, dont on peut penser, à la différence du reste, qu'il était effectivement occupé). Il ne faut pas s'attendre, dans ces conditions, à ce qu'elles aient abrité une population extrêmement nombreuse. Faute de données chiffrées, il est très dangereux de se lancer dans l'estimation du nombre des habitants d'une cité antique : on ne se trompera guère cependant en estimant qu'elles n'ont jamais compté plus de 20 000 ou 30 000 âmes, le chiffre d'une dizaine de millier paraissant raisonnable.

Cela ne les empêchait pas d'avoir eu, très tôt, une véritable physionomie urbaine. Certes, à la différence de leurs nécropoles, nous les connaissons mal, les fouilles en milieu urbain étant rendues malaisées par le fait que les villes antiques ont été recouvertes par les agglomérations médiévales et modernes. Et le cas des fondations coloniales que furent Marzabotto, Spina, ou même Mantoue, dont on commence maintenant à découvrir les structures, qui ont pu être plus facilement étudiées, ne doit pas être tenu pour représentatif de ce qu'ont été toutes les cités étrusques. Surtout le modèle d'école qu'est Marzabotto, située en Émilie un peu au nord de Bologne sur la vallée du Reno, sur le plateau de Misano que l'absence de constructions modernes a permis de fouiller à loisir, avec son schéma de rues se coupant à angle droit, ne doit pas être pris pour autre chose que ce qu'il est : un exemple de fondation quasiment *a nihilo,* dans le cadre de la réorganisation de l'implantation étrusque en Émilie qui s'est opérée vers la fin du VIe siècle, où des apports des cités du nord de la Toscane, notamment Chiusi, sont venus s'ajouter au substrat local dont on décèle quelques traces, remontant aux environs de 600.

Il est évident que les cités plus anciennes n'avaient pas la rigoureuse articulation orthogonale qu'offre Marzabotto – et qu'on retrouve, dans une certaine mesure, à Spina, Mantoue, voire Capoue –, encore qu'une tendance à une organisation géométrique, avec des blocs parallèles, se fasse jour très tôt, comme on le constate à Tarquinia sur le Pian de Cività dès le début du VIe siècle. Mais l'exemple de Marzabotto, tout artificiel qu'il soit, offre au moins l'avantage de donner une sorte de plan idéal, de modèle théorique, qui permet de comprendre ce qu'était une cité étrusque.

En effet, les rares textes que nous avons nous le disent, une cité étrusque n'était pas composée uniquement des maisons – d'abord cabanes aux formes variées, établies en dehors d'un plan précis, puis maisons en dur, au toit de tuiles, s'ordonnant selon des alignements plus ou moins rigoureux – qui abritaient ses habitants. Ils insistent sur le fait que la ville devait être fondée rituellement. Selon un rituel que Romulus était censé avoir suivi lorsqu'il fonda Rome en 753 – ce qui prouve bien évidemment l'avance des Étrusques à l'époque en matière d'urbanisation –, il fallait d'abord procéder au tracé du « sillon primordial » *(sulcus primigenius),* à l'aide d'un araire tiré par un bœuf et une vache de couleur blanche. Cela délimitait le *pomerium,* qui était une limite sacrée du territoire de la cité, définissant un espace qui était ainsi mis à l'écart du reste de la surface terrestre, posé dans une relation spécifique avec les dieux à qui s'adressait le rituel et qui allaient désormais protéger la cité fondée selon les règles. Bien entendu, cette limite indiquait aussi la ligne le long de laquelle se dressait la muraille de la cité, interrompue par les portes qui permettaient de la franchir. Mais il apparaît que bien des villes toscanes, protégées par leur position, n'eurent pas de muraille, ou n'en eurent que très tard : cette limite était à comprendre comme ayant avant tout une valeur religieuse, impliquant un certain rapport de la ville avec ses dieux, ce qui importait autant que son rôle militaire.

Bien d'autres traits confortent cette signification, allant au-delà de l'aménagement d'un espace urbain, de l'existence d'une cité pour les Étrusques. Elles étaient – en principe du moins, car là encore la réalité concrète venait contrarier l'application du principe théorique – orientées selon les points cardinaux, avec un axe nord-sud – que les Romains appelleront *cardo,* en recourant à l'image d'une porte qui tourne sur ses gonds, évoquant ainsi le passage du soleil de l'orient à l'occident – et un axe est-ouest – le *decumanus.* Dans un cas comme Marzabotto, une telle orientation pouvait être effectivement respectée, montrant ainsi que la cité s'inscrit dans un cosmos dont la marche est régie par les dieux, que sa réalité n'est pas seulement terrestre, mais la met en relation avec le divin. Un autre trait connote cette dimension non seulement spatiale et horizontale, mais aussi surnaturelle et verticale de la cité étrusque : selon un mot que les Romains emprunteront à l'étrusque, le point d'intersection des axes nord-sud et est-ouest donnait lieu au creusement d'un *mundus*. C'était un puits rituel permettant d'établir une relation avec les dieux maîtres du sol et du sous-sol, ces dieux chthoniens et infernaux dont dépendait la prospérité de la terre et auprès de qui se rendaient les âmes des défunts, mais, en même temps, par la forme de voûte à l'image de la voûte céleste qu'affectait ce *mundus* circulaire, il renvoyait à l'autre catégorie de dieux, ceux que les Romains dénommaient *caelestes,* célestes, ou *superi,* supérieurs (alors que les autres étaient les dieux *inferi,* inférieurs ou d'en bas), qui présidaient à la marche de l'univers.

III. – Des institutions qui influencèrent les Romains

Malgré la réputation qu'avaient les Étrusques et sur laquelle nous reviendrons, de s'adonner particulièrement aux affaires de la religion, et bien que l'État étrusque, comme tout État antique, ne pût pas être un État laïc et que ce fût au contraire un de ses devoirs essentiels que de veiller au maintien de bons rapports entre la cité et ses dieux, cette *pax deorum* – ainsi que la dénommaient les Romains – étant la condition du succès de ses entreprises, les cités étrusques n'avaient pas à gérer que les affaires religieuses. Elles avaient leurs structures proprement politiques, que les textes et les inscriptions nous permettent d'appréhender quelque peu.

À l'origine, les cités-États étrusques avaient à leur tête des rois. Le fait est assuré, même si les étruscologues sont moins sûrs aujourd'hui que par le passé que ces rois portaient le nom de *lucumons* : l'affirmation du commentateur de l'*Énéide* (chant II, v. 178), Servius, n'est peut-être qu'une extrapolation à partir du nom Lucumon porté par Tarquin l'Ancien avant qu'il vînt se fixer à Rome. Il est non moins assuré que les rois ont laissé place, comme à Rome, à des magistrats élus annuellement : au moment où ils entamaient la lutte finale contre Rome qui devait se solder par la prise de la ville par Camille en 396, les Véiens se virent refuser l'assistance de leurs compatriotes parce qu'ils s'étaient redonné un roi, alors qu'ailleurs les cités avaient des régimes républicains. Ces magistrats portaient le titre de *zilath* – titre qui est apparu récemment sur un cippe des environs de 600 découvert en Émilie, à Rubiera –, terme générique qui était précisé par des épithètes que nous ne comprenons pas toujours, mais qui montrent au moins que ces magistrats suivaient, comme leurs homologues romains, un *cursus honorum* qui les menait depuis les échelons les plus bas (pour lesquels on rencontre parfois le titre de *maru,* auquel Virgile doit son surnom de Maro), jusqu'au magistrat éponyme, dont le nom, comme pour les consuls à Rome, permettait d'indiquer l'année. Parfois, il existait un couple de ces magistrats, sans qu'on puisse dire s'il s'agit, dans les documents tardifs où nous le constatons, d'un trait de tradition locale ou d'un emprunt aux usages romains.

L'emprunt est en revanche assuré en l'autre sens en ce qui concerne les insignes de magistrats. Les auteurs anciens étaient unanimes à reconnaître que les Romains devaient aux Étrusques les *insignia imperii,* tout ce qui symbolisait l'exercice du pouvoir suprême et qui, après avoir exprimé la majesté des rois, a été conservé par la République. Ces insignes allaient de la toge prétexte (c'est-à-dire bordée d'une bande de pourpre) portée par les magistrats romains jusqu'aux chaussures particulières, noires ou rouges, qui caractérisaient les sénateurs et les patriciens, et l'anneau d'or et le manteau court, ou trabée, que se réserveront les chevaliers. On y faisait rentrer ce qui accompagnait la cérémonie du triomphe, dont le nom, tiré du grec *thriambos* qui désignait un cortège bachique, est passé en latin par l'intermédiaire de l'étrusque, la tunique ornée de palmes, la toge brodée, et aussi le manteau rouge du général en chef, le *paludamentum,* ou encore le siège curule sur lequel s'asseyaient les magistrats. Mais le plus expressif était sans doute le cortège des licteurs avec leurs faisceaux : ceux-ci, formés de verges entourant une hache, souvent bipenne, étaient l'expression du pouvoir de vie et de mort de qui détenait le pouvoir suprême, les verges servant à battre préalablement le condamné à mort qui était ensuite décapité à coups de hache.

Tout cela était d'origine étrusque, comme le confirme la trouvaille d'un modèle de faisceau de licteur en fer, trouvé dans une tombe de Vetulonia, de la seconde moitié du VIIe siècle, dénommée depuis tombe du Licteur. Cette trouvaille est d'autant plus remarquable qu'une tradition, rapportée par le poète Silius Italicus (*Punica,* chant VIII, v. 483-487), attribuait à cette cité l'invention des *insignia imperii.* Mais on les rencontre partout dans le monde étrusque : on peut citer des modèles de bipennes en *bucchero* déposées à l'entrée d'une tombe de Tarquinia vers 650, ou un siège curule en ivoire, provenant d'une tombe de Bologne de la fin du VIe siècle. Les Étrusques devaient être fiers d'avoir ainsi aidé Rome à passer au stade d'une véritable cité, à l'aube de son histoire. La célèbre statue de l'*Arringatore* (le Harangueur) du musée de Florence, remontant au IIe siècle, qui, trouvée au bord du lac de Trasimène et portant une inscription étrusque, représente un magistrat étrusque et sur laquelle plusieurs de ces insignes – toge prétexte, anneau, chaussures – sont figurés avec une insistance manifeste, devait le proclamer aux yeux du peuple romain qui, à cette époque, avait assujetti le vieux pays toscan.

IV. – L'Étrurie des siècles d'or : du bon usage de la richesse

La puissance des cités étrusques, au début de leur histoire et au cours des siècles d'or[1] qu'elles connurent, jusqu'aux alentours de 400, apparaît, plus que dans les zones d'habitat, moins facilement explorables et par là encore mal connues, dans leurs nécropoles, dont les riches tombes ont attiré depuis la Renaissance les fouilleurs – qu'ils soient officiels ou clandestins ! C'est d'abord par le luxe des tombes monumentales que se firent élever les grandes familles que se marque le décollage du monde tyrrhénien, lorsqu'aux VIIIe et VIIe siècles, les contacts avec les populations transmarines se multiplièrent. On comprend de mieux en mieux aujourd'hui que les navigateurs phéniciens et grecs étaient attirés dans ces régions par ses ressources minières. Dans le plus ancien des établissements grecs

1. Nous empruntons l'expression à A. Hus, *Les siècles d'or de l'histoire étrusque (675-475 av. J.-C.)*, Bruxelles, Latomus, 1976. En fait le déclin étrusque n'est sensible que vers le début du IVe siècle.

fondés en Italie, à Pithécusses, dans l'île d'Ischia, où les Chalcidiens s'établirent vers 775, en face du continent sur lequel ils édifièrent bientôt, vers 750, la colonie de Cumes, on a découvert des morceaux de minerai de fer, de l'hématite, en provenance de l'île d'Elbe. C'est le signe que le fabuleux métal que ces Grecs étaient venus quêter dans ce lointain Occident était le fer, dont leur patrie manquait. Ils le rapportaient chez eux sous forme de minerai, comme dans ce cas, ou d' « éponges », ces lingots de métal semi-fini qu'évoquent les textes anciens.

Ils apportaient en échange les produits qui ont fait l'émerveillement des fouilleurs : ivoires orientaux, bijoux d'or au fin décor de granulation ou de filigrane, ornés de lions ou de sphinx, bientôt imités localement par des orfèvres formés par des artisans grecs ou orientaux venus s'établir en Toscane, chaudrons en bronze au col orné de protomes de serpents, coupes en argent à décor ciselé de production phénicienne ou chypriote, faïences égyptiennes comme ce vase, au cartouche du pharaon Bocchoris, trouvé dans une tombe de Tarquinia de la fin du VIIIe siècle, œufs d'autruche sculptés. À ce luxe oriental ou orientalisant, qui caractérise les mobiliers des tombes de ceux qu'on appelle les « princes étrusques »[1], et dont l'exemple le plus notable est peut-être la tombe Regolini-Galassi, du deuxième quart du VIIe siècle, dont le matériel fait aujourd'hui l'orgueil du Musée grégorien étrusque au Vatican, vint s'ajouter, de plus en plus, la céramique

1. On en aura une bonne illustration dans le catalogue de l'exposition qui s'est tenue à Bologne en 2000 (*Principi etruschi, tra Mediterraneo ed Europa,* Venise, Marsilio Editori, 2000).

grecque : l'abondance des trouvailles de vases grecs dans les nécropoles étrusques, fit que, pendant longtemps, on les considéra comme des vases étrusques – le titre d'une nouvelle de Prosper Mérimée en garde le souvenir – et qu'il fallut attendre 1764 et la *Geschichte der Kunst des Alterthums* de Winckelmann pour qu'on s'avisât que les beaux vases à figures noires du VIe siècle et ceux, à figures rouges, qui leur succédèrent au Ve siècle, avaient été produits au quartier du Céramique d'Athènes

Face à cet afflux de richesses, les Étrusques auraient pu se comporter comme l'ont fait tant de pays dont l'économie repose sur l'exportation de matières premières : en purs consommateurs, sans que cette manne contribuât à leur développement. La chance de l'Étrurie est qu'elle sut affirmer une identité dont nous avons vu la manifestation progressive au cours de la période préhistorique et que le contact avec l'étranger n'anéantit pas, bien au contraire. Déjà, les Étrusques, à la différence de ce qui se passa en Italie méridionale et en Sicile, surent résister à l'implantation de colonies sur leur sol. C'est ce qui explique la localisation étrange, si on y réfléchit, de l'établissement grec de Pithécusses, puis de Cumes : il paraît évident que si les Eubéens l'avaient pu, ils se seraient installés beaucoup plus au nord, à proximité directe des ressources minières qu'ils venaient chercher, au lieu de les échanger contre leurs produits à la hauteur de la Campanie étrusquisée. S'ils ne l'ont pas fait, c'est que les Étrusques ne l'ont pas toléré, qu'ils ont tenu à distance ceux qui, ailleurs, se révélaient comme des conquérants, susceptibles de s'emparer des terres indigènes. Il ne faut pas se bercer de l'illusion que les contacts aient été toujours pacifiques. L'historien grec Éphore, cité par Strabon (VI, chap. 2), déclarait que l'établissement de colonies grecques en Sicile avait été longtemps empêché par l'opposition des Étrusques – qu'il considère comme des pirates. Un document du milieu du VIIe siècle, le cratère signé par un Grec fixé à Caeré, Aristonothos, illustre bien cette situation parfois conflictuelle : on y voit un bateau rond – navire marchand, avançant à la voile – attaqué par un vaisseau long – navire de guerre, que fait avancer un équipage de rameurs. On a pu d'ailleurs estimer que les boucliers et casques villanoviens découverts dans les sanctuaires grecs, à Olympie et Delphes, étaient des prises de guerre, déposées en ex-voto par des Grecs qui les avaient enlevés à des Étrusques.

Heureusement, les rapports durent la plupart du temps se faire sur le mode pacifique et instaurer, entre l'Étrurie et le monde hellénique (ou oriental) des relations qui permirent l'essor de la civilisation locale. On voit très tôt les Tyrrhènes accueillir les innovations reçues de l'extérieur et les reprendre à leur compte. Nous avons évoqué les tombes : elles donnent lieu à l'apparition d'une architecture funéraire à laquelle nous devons ces grands tumulus caractéristiques des nécropoles de l'âge orientalisant, qui ont marqué jusqu'à nos jours le paysage des environs d'une ville comme Caeré, où elles s'étendent sur plus de 400 ha. L'idée de ces tumulus, élevés sur des tambours moulurés, fut sans doute empruntée à l'Orient : on a souligné récemment les analogies avec les tumulus d'Asie Mineure. Mais les Étrusques appliquèrent leurs propres idées : le dromos de la chambre funéraire ouvre souvent vers le nord-ouest, direction qui, selon les vues des Toscans, était celle des demeures des dieux infernaux, et le sommet porte parfois les traces d'une plate-forme, à laquelle on accédait par une passerelle, qui permettait d'y célébrer un culte. On devine en effet l'existence d'un culte des ancêtres, qui parfois se déroulait à l'intérieur de la tombe, comme dans le cas de la tombe des Statues à Ceri, vers 650, où deux figures d'hommes assis sur des trônes et portant des sceptres, devaient représenter les ancêtres du couple déposé là.

L'architecture des vivants n'était pas en reste sur celle des morts. Plus que les maisons en pierre qui commencèrent alors à remplacer les cabanes, ce sont les palais que se firent édifier les grandes familles aristocratiques qui sont les plus caractéristiques de la période orientalisante. Ces grands édifices, aux portiques s'ouvrant sur une cour, connus depuis les fouilles de Murlo, près de Sienne, et Acquarossa, près de Viterbe, reprennent le modèle oriental du *beit hilani,* attesté notamment à Larissa sur l'Hermos, en Troade. Ils témoignent de l'adoption par les Étrusques non seulement d'un type d'architecture, mais aussi d'un mode de vie fastueux inspiré de l'Orient – les plaques de terre cuite qui les ornaient offrent des scènes de banquet où le convive festoie couché, et non plus assis comme c'était le cas auparavant – et de références idéologiques introduites par les contacts avec la Grèce – on reconnaît sur des plaques d'Acquarossa Héraclès maîtrisant le lion de Némée et le taureau de Crète. Le héros hellénique devait représenter le modèle auquel ces princes étrusques ambitionnaient de se conformer.

Nous pourrions multiplier les exemples de cette capacité des Étrusques à reprendre et faire fructifier ce qu'ils recevaient. Vers le deuxième quart du VIIe siècle, ils développèrent leur céramique la plus caractéristique, ce bucchero dont les exemplaires, d'abord en, bucchero fin, *sottile,* puis, au VIe siècle, en bucchero épais, *pesante,* se comptent pas milliers dans les musées qui ont accueilli les produits des fouilles de nécropoles étrusques et dont la présence, sur les sites de Provence, Languedoc ou Catalogne, est le signe de l'influence étrusque sur ces régions. C'est un produit purement local, qui nous surprend avec sa lugubre couleur noire, mais auquel son poli brillant devait donner l'apparence du métal. Mais dans ses formes – principalement coupes, œnochoés, canthares – et sa décoration, incisée ou modelée – tirée du répertoire orientalisant, mais où on commence à reconnaître des scènes issues du mythe grec, comme Héraclès et le lion de Némée, ou Achille guettant Troilos – il dénote l'influence culturelle de l'hellénisme.

Le meilleur signe de l'impact culturel des apports étrangers, et avant tout ceux de la Grèce, comme du fait qu'il ne s'agit pas d'une réception passive de la part des Étrusques, mais de la création d'une nouvelle culture qui leur est propre, est sans doute la création d'une écriture nationale. Celle-ci fut empruntée aux Grecs : les Étrusques apprirent à lire et écrire auprès des colons de Cumes, et c'est l'alphabet particulier de ces Chalcidiens qu'ils adoptèrent, peu avant 700. Mais déjà ils l'adaptèrent : ne possédant pas le phonème [g] (*g* dur, celui de *gare*) dans leur langue, ils changèrent la valeur du *gamma* grec, qui avait cette valeur, et lui firent noter le [k] (*c* dur, celui de *case*), ce qui explique que l'alphabet latin dont nous nous servons, qui fut repris par les Latins aux Étrusques au VIIe siècle, offre au début une séquence ABC valant [a], [b], [k], et non [a], [b], [g], comme cela aurait été le cas si le modèle avait été la série *alpha, bêta, gamma* du grec. Et surtout les Étrusques manifestèrent aussitôt l'importance culturelle de cette acquisition, lui donnant un retentissement qu'on ne constate pas dans le monde hellénique. Dans les tombes princières de cette époque, on note souvent la présence d'inscriptions, voire d'instruments liés à la pratique de l'écriture : le mobilier d'une tombe de Marsigliana d'Albegna comportait une tablette en ivoire portant, inscrit sur le côté, un abécédaire, le stylet permettant d'écrire sur la couche de cire qui la recouvrait, les grattoirs servant à effacer un texte pour en écrire un nouveau. Le grand seigneur dont c'était la dernière demeure avait voulu se poser comme lettré, comme un individu sachant lire et écrire. Dans la société du temps, il faisait ainsi preuve d'une culture qui le haussait au-dessus de la plupart de ses compatriotes.

V. – **La puissance maritime des Étrusques**

Les Étrusques ne se contentèrent pas d'accueillir sur leur sol les navigateurs grecs ou phéniciens qui venaient échanger les productions de leurs pays, les artisans étrangers qui étaient susceptibles d'y introduire des techniques nouvelles ou certains immigrants comme Démarate, le père de Tarquin l'Ancien dont la tradition romaine raconte qu'il était un Corinthien, enrichi par le commerce avec les villes toscanes, que la révolution qui mit fin au pouvoir des Bacchiades, auxquels il appartenait, força à quitter sa patrie et à venir s'installer à Tarquinia. Les Étrusques, eux aussi, se lancèrent sur les mers.

À vrai dire, l'image que la littérature grecque véhicule de ces marins étrusques est toute négative. Nous avons déjà évoqué un passage d'Éphore où il est question de leur piraterie dans les mers italiennes. C'est bien l'image de l'Étrusque pirate qui s'impose, et elle est loin de ne concerner que les abords de la péninsule : les courses qu'ils avaient jadis menées dans l'Égée, où, sous le nom de Tyrrhènes, ils avaient leurs bases dans l'île de Lemnos et sa voisine Imbros[1], avaient laissé un souvenir durable aux Grecs de l'âge classique. Même si le pouvoir de métamorphose du dieu, qui avait transformé ses ravisseurs en dauphins, avait donné une heureuse issue à l'aventure, le mythe de l'enlèvement de Dionysos par des pirates tyrrhéniens montrait combien la crainte de ce danger avait dû jouer.

Elle ne devait jamais disparaître tout à fait. Avant que les conditions nouvelles créées par le déclin de l'Étrurie, à partir du IVe siècle, ne jetât de nouveau des corsaires étrusques sur les mers baignant la Grèce, à partir de l'Adriatique ou de la côte toscane, la réputation de pirates de ce peuple resta bien établie. On rappellera la tradition, véhiculée par de nombreux textes, et dont Aristote se servit pour évoquer la triste condition de l'âme rivée au corps, qui attribuait aux pirates étrusques un supplice particulièrement effrayant : ils liaient leurs prisonniers à des cadavres et les laissaient

1. Nous avons vu dans le chapitre précédent les conséquences qu'on a voulu tirer de l'existence des Tyrrhènes égéens pour la question des origines étrusques.

ainsi mourir de mort lente, gagnés par la pourriture du corps en décomposition auquel ils avaient été attachés.

Mais les études récentes sur l'activité maritime des Étrusques nous ont appris à décrypter l'image de l'Étrusque pirate. En réalité, pendant longtemps, Thucydide s'en souvenait encore, la piraterie ne se distingua pas des autres activités maritimes (I, chap. 5). Comme le dit M. Gras[1], c'était l'occasion qui faisait le pirate et, selon les possibilités qui s'offraient à lui, le même navire pouvait lancer un raid de pillage contre des populations côtières ou se livrer à des trafics commerciaux dans un port. Les pirates étrusques des temps archaïques se conformaient à ce comportement – qui est après tout celui d'Ulysse dans l'*Odyssée* (chant IX, v. 39-66).

Sans doute n'en était-on plus là aux Ve-IVe siècles, au moment où se répand l'histoire du supplice des pirates tyrrhéniens. Mais il faut alors relever que cette présentation est celle de sources helléniques, et émanent de cités pour qui les Étrusques furent des rivaux et des ennemis. Car ce qui était en jeu était ce que les Grecs appelaient « thalassocratie », c'est-à-dire domination de la mer. À cette époque, les Étrusques n'avaient aucun intérêt à se comporter en pirates, en prédateurs s'attaquant aux trafics existant en mer Tyrrhénienne ou Adriatique. Ces trafics se dirigeaient vers leurs ports, que ce soient les grandes cités de la

1. M. Gras, La piraterie tyrrhénienne en mer Égée : mythe ou réalité ?, dans *Mélanges offerts à Jacques Heurgon*, Rome, 1976, p. 341-370 ; Id., *Trafics tyrrhéniens archaïques*, Rome, École française de Rome, 1985.

façade maritime de la Toscane (ou plutôt leurs avant-ports, comme Pyrgi, et Alsium pour Caeré, Gravisca, pour Tarquinia, car les métropoles étrusques, sauf Populonia, n'étaient pas établies directement sur la mer, mais sur des hauteurs un peu en retrait des côtes) ou ceux de la côte adriatique, en particulier Spina, débouché de toute l'Étrurie padane dont nous avons vu le rôle dans l'élaboration de la thèse de l'origine pélasgique. Ce qui importait pour eux était que les échanges qui s'y faisaient se passassent dans les meilleures conditions pour tous, eux-mêmes bien sûr mais aussi leurs partenaires : des Grecs, notamment les Athéniens dont les céramiques parvenaient en masse chez eux, et aussi les Carthaginois. Les trouvailles de bucchero étrusque ne sont pas rares en effet à Carthage et on y a découvert un témoignage significatif des liens commerciaux entre la grande colonie phénicienne d'Occident et les cités étrusques : une tessère d'hospitalité en ivoire avec une inscription étrusque donnant le nom de celui qui s'en servait pour attester les liens dont un tel objet était le signe.

Ces relations obligeaient à exercer une police des mers, un contrôle, bref une thalassocratie. Mais une telle politique maritime risquait de heurter des intérêts concurrents. C'est ce qui se passa, et qui fit que les Étrusques affrontèrent, sur mer des cités grecques.

Un premier conflit naquit à propos de la Corse. Des colons venus de Phocée s'étaient installés vers 560 sur la côte est, à Alalia, l'actuelle Aléria, sans susciter de trouble particulier. Mais la situation changea lorsque, vers 545-540, ils furent rejoints par un nouveau contingent de Phocéens, qui se lança dans des opérations de piraterie en mer Tyrrhénienne. Cela provoqua la riposte conjointe des Puniques et des Étrusques, les plus directement touchés, et, vers 535-530, à la suite de ce qu'Hérodote appelle pudiquement une « victoire cadméenne » (I, chap. 163-167), les Grecs, ayant laissé de nombreux prisonniers entre les mains des marins de Caeré – cité qui, du côté étrusque, semble avoir dirigé les opérations –, durent abandonner la place. On le voit, ceux qui se comportaient en pirates, et contre lesquels il fallait rétablir la sûreté des voies maritimes étaient des Grecs, non les Étrusques (ou leurs alliés carthaginois). Il en alla de même un peu plus tard, vers la fin du VIe siècle, lorsque les Cnidiens établis à Lipari y érigèrent une sorte de république flibustière, écumant les mers. Cela donna lieu à un conflit avec les Étrusques, dont le commerce pâtissait de cette course, conflit marqué par des épisodes alternés de victoires et de revers pour les Liparéens. On connaissait surtout les premières, par les ex-votos qu'ils avaient pompeusement érigés à Delphes. Mais une série de textes tardifs, jusque-là négligés mais magistralement examinés par G. Colonna, a montré que les Étrusques avaient eu au moins une fois le dessus, et au cours d'une opération punitive – qui devait rester sans lendemain – s'étaient même emparés de l'île[1].

Mais c'est surtout le long conflit avec Syracuse qui retient l'attention. Cette fois, avec la cité qui était en passe d'imposer son autorité à toute la Sicile grecque et tentait de le faire également vis-à-vis des Hellènes du sud de la péninsule, c'est bien d'un conflit pour la

1. G. Colonna, Apollon, les Étrusques et Lipara, *Mélanges de l'École française de Rome (Antiquité)*, 96, 1984, p. 557-578.

maîtrise des mers qu'il s'agit. En 474, dans les eaux de Cumes, la marine de Hiéron de Syracuse remporta sur la flotte étrusque venue attaquer la vieille cité campanienne une victoire que le tyran célébra en déposant à Olympie des casques des Étrusques vaincus – dont trois ont été retrouvés par les archéologues –, tandis que Pindare magnifiait dans ses vers le triomphe ainsi remporté par l'hellénisme sur la barbarie (*Pythiques,* 1, v. 69-81). En 453, nouvel épisode : les vaisseaux syracusains s'en prirent au district minier étrusque et, si un premier raid échoua, il fut suivi d'un second, couronné de succès. Enfin le conflit connut son apogée avec Denys de Syracuse. Dans sa politique ambitieuse, qui passait par l'établissement de colonies en Adriatique, le maître de la Sicile s'en prit aux Étrusques dans les deux mers qui baignaient l'Italie. Il mena des raids au fond de l'Adriatique, gênant les trafics qui se faisaient à partir de Spina, et se rendit célèbre par l'expédition de pillage qui, en 384-383, s'en prit à Pyrgi, un des avant-ports de Caeré. Il emporta les richesses entreposées dans le temple qu'un tyran de Caeré, Thefarie Velianas, y avait édifié vers 500, dans le cadre de l'alliance avec Carthage, à une Junon étrusque, Uni, qui recouvrait en réalité une divinité de type oriental, comme nous l'apprennent les trois plaquettes d'or, portant des inscriptions, deux rédigées en étrusque et une en punique, où il célébrait cet événement et que les fouilleurs ont retrouvées.

Ces conflits, et surtout le dernier, eurent un retentissement durable en Grèce et contribuèrent à ancrer dans les esprits l'image de l'Étrusque-pirate, véhiculée par la propagande syracusaine, au même titre que la thèse de l'autochtonie, dont nous avons rappelé la signification dépréciative. Mais, malgré Pindare, il ne faudrait pas leur attribuer la dimension d'un conflit ethnique, d'un heurt entre hellénisme et barbarie. Ils sont le reflet du heurt d'intérêts particuliers, et la meilleure preuve en est que, lorsque Athènes entra en guerre contre Syracuse, lors de l'expédition de Sicile, en 416-415, elle n'hésita pas à se tourner vers l'Étrurie et à conclure avec les cités toscanes une alliance, prétendument contre-nature, qui se solda par l'envoi d'un contingent qui combattit aux côtés des Athéniens.

VI. – Les Étrusques au sud de la Toscane : Campanie et Latium

Cette situation doit nous dissuader, malgré Tite-Live, de parler d'Empire étrusque et d'envisager une expansion étrusque comparable à celle de Rome. La ligue étrusque, nous l'avons vu, ne constituait pas un organisme unitaire, susceptible de mener une politique d'ensemble. Chaque cité avait ses visées propres et, en dépit des présentations tendancieuses de certains auteurs anciens, il n'y eut jamais de volonté impérialiste de ces barbares, qui les aurait poussés à assujettir les Grecs d'Italie ou quelque autre peuple que ce soit. Le cas de la Campanie le montre bien. Il y eut certes des conflits : Cumes subit une première attaque étrusque, en 524, puis une autre – que nous avons évoquée – en 474. Mais ces périodes d'hostilité – dues sans doute à des circonstances particulières que nous ignorons – demeurèrent l'exception et ne doivent pas faire oublier que la situation normale fut celle de rapports pacifiques, d'échanges commerciaux et culturels. Loin de considérer les Étrusques de Capoue comme d'irréductibles ennemis, les aristocrates de Cumes se réfugièrent auprès d'eux, à la fin du VIe siècle, lorsque Aristodème établit sa tyrannie sur la cité.

Il convient dès lors de rejeter les vues anciennes qui interprétaient la présence de rois d'origine étrusque sur le trône de Rome à partir de la fin du VIIe siècle et jusqu'à ce que la révolution de 509 les chassât[1], comme le signe d'une conquête militaire du Latium par les Étrusques, qui auraient ainsi voulu assurer la continuité territoriale entre Toscane et Campanie. Certes on trouve du matériel étrusque sur la voie du Sacco et du Liris qui, de tout temps, a assuré les communications entre le nord et le sud de l'Italie : Alatri, Anagni ont livré du bucchero. Mais c'est là l'effet de contacts commerciaux, d'échanges dont, au VIIe siècle, le somptueux mobilier des tombes orientalisantes de Préneste, Barberini et Bernardini, tout à fait semblable à celui des tombes de Toscane ou de la Campanie étrusquisée (comme à Pontecagnano), attestent l'importance. Il n'y eut pas de volonté de conquête étrusque et, si à la fin du VIe siècle, le roi de Chiusi, Porsenna, voulut sans doute établir son hégémonie sur le Latium, chassant au passage les Tarquins qui régnaient alors sur Rome – car c'est ainsi que les historiens actuels interprètent l'expulsion de Tarquin l'Ancien, que l'historiographie romaine présentait comme l'effet de l'indignation provoquée par le suicide de la chaste Lucrèce, violée par le fils du tyran –, son entreprise connut rapidement un coup d'arrêt. Après la prise de Rome, son armée,

1. Les règnes que distingue la tradition romaine sont ceux de Tarquin l'Ancien (616-579), son gendre Servius Tullius (578-535), son fils Tarquin le Superbe (535-509).

conduite par son fils, fut défaite à Aricie par les forces de la ligue latine, secondée par Aristodème de Cumes : cela mit fin à l'entreprise et força Porsenna à abandonner ses projets méridionaux. Au moment de la bataille d'Aricie les Tarquins étaient du côté des Latins : on voit combien il serait erroné d'interpréter la lutte en termes ethniques. En dépit de l'origine étrusque des Tarquins et quoi qu'en dise la tradition, Porsenna ne fut jamais leur allié et c'est lui qui mit fin à leur pouvoir, ce qui permit au régime républicain de se mettre en place à Rome.

La présence de rois d'origine étrusque sur le trône de Rome doit s'interpréter en termes de destin individuel, et non d'entreprises de conquête menées par les cités auxquelles ils se rattachaient (Tarquinia, d'où étaient issus les Tarquins, Vulci, comme nous allons le voir, pour Servius Tullius). Certains points de la tradition sur Tarquin l'Ancien et encore plus les informations, contradictoires par rapport à la présentation annalistique, que nous avons sur Servius Tullius et qui proviennent de sources étrusques, le montrent bien. Un discours prononcé par l'empereur Claude, qui était féru d'étruscologie, que nous ont conservé les tables claudiennes de Lyon, nous apprend en effet que Servius était en réalité un Étrusque du nom de Macstarna, qui était venu à Rome dans le cadre d'une troupe de mercenaires commandée par deux frères originaires de Vulci, Caeles et Aulus Vibenna, dont certains érudits romains avaient vaguement gardé le souvenir. C'est dans des circonstances troubles qu'il se serait emparé du pouvoir, en renversant le roi Tarquin qui était alors en place : le fait trouve une illustration éclatante dans la peinture d'une tombe de Vulci, la tombe François, datant des environs de 330, où sont représentés les frères Vibenna et Macstarna-Servius Tullius en train d'affronter victorieusement un groupe d'adversaires, parmi lesquels figure un « Gnaeus Tarquin de Rome ».

Il est impossible de reconstituer le détail des événements. Mais on pense aujourd'hui que les monarques d'origine toscane qui ont régné sur Rome étaient des spécialistes de la chose militaire, des mercenaires qu'on a comparés aux *condottieri* de la Renaissance italienne, que leurs talents avaient fait appeler dans l'*Urbs*. Grâce à leurs contacts avec l'hellénisme, les Étrusques jouissaient alors d'une supériorité militaire sur les autres peuples de la péninsule : ils avaient introduit l'armement lourd de l'hoplite grec – casque, bouclier rond, cuirasse, jambières de bronze – et surtout la maîtrise du combat en formation serrée, la phalange qui avait révolutionné la tactique et rejeté aux oubliettes le vieux mode de combat, par duels individuels à la mode homérique. C'est à ce titre que Lucumon-Tarquin l'Ancien, Mascstarna-Servius Tullius et aussi les frères Vibenna ont dû venir s'établir dans la ville des bords du Tibre.

On a donc affaire à une suprématie d'ordre culturel. Ses effets sur Rome n'en furent pas moins sensibles. Grâce à l'art des ingénieurs étrusques, la ville se transforma. Drainé selon une technique dont les *cuniculi,* les canalisations souterraines, des sites étrusques montrent qu'ils la maîtrisaient parfaitement, le Forum fut alors asséché, et le creusement du grand égout, la *Cloaca Maxima,* permit l'aménagement du site. Les rois d'origine toscane procédèrent à la construction de temples : en une entreprise qui ne s'acheva qu'à l'avènement de la République, les Tarquins aménagèrent le Capitole puis commencèrent à y édifier le gigantesque temple de Jupiter Capitolin, qui constitua dès lors le centre religieux de la cité. Ce temple fut bâti sur le modèle du temple toscan, s'élevant sur un haut podium, et pourvu d'un décor de statues de terre cuite pour lequel on fit appel à un artiste véien, Vulca. Les célèbres statues qui ornaient le faîte du temple de Portonaccio à Véies, dues certainement à l'école de ce Vulca, et qu'on peut voir au musée de la Villa Giulia à Rome, nous permettent de nous faire une idée de la qualité de ces œuvres. Les rois étrusques de Rome introduisirent aussi les jeux à la mode toscane, dont les peintures des tombes de Tarquinia nous donnent l'image : Tite-Live évoque les courses de char et combats de boxe, qui furent alors institués par des spécialistes venus d'Étrurie. Plus généralement la vie économique et la démographie de la cité se transforma, grâce à l'établissement de nombreux artisans et commerçants, dont certains firent fortune et commencèrent à s'immiscer dans les rangs de la vieille aristocratie romaine – comme ce Caius Aquilius surnommé Tuscus, c'est-à-dire étrusque, qui fut consul en 487, et dont le nom, transcription latine de l'étrusque *Acvilnas,* montre qu'il appartenait à une famille d'Ischia di Castro.

VII. – Les Étrusques au nord de la Toscane : la plaine padane et au-delà

Ce qu'on constate dans l'autre province extérieure de l'Étrurie, au nord des Apennins, témoigne également des visées essentiellement économiques de ce qu'un auteur comme Strabon (V, chap. 1), présentait comme une entreprise de conquête. Le terme de « conquête » est d'ailleurs ici impropre : nous sommes, comme en Campanie, dans une vieille zone de culture villanovienne, dont la prospérité est bien marquée par un document comme le trône en bois miraculeusement préservé dans une tombe de Verruchio, sur lequel sont représentées les différentes phases du travail de la laine qui devait assurer une partie de la fortune de l'aristocrate auquel il appartenait. Il n'empêche que se produit une transformation à partir du milieu du VIe siècle, qui paraît avoir impliqué l'implantation, à côté des Étrusques déjà établis sur place, d'éléments venus des cités de la Toscane septentrionale. Cela se traduisit par la fondation de cités nouvelles : nous avons déjà évoqué le cas de Marzabotto, cité qu'on considérait comme une dépendance de Bologne, mais que la découverte récente d'un grand temple dédié au Jupiter étrusque, Tinia, non sur l'acropole où on connaissait depuis longtemps une série de petits édifices cultuels, mais au cœur même de la cité, dans une des *insulae* que délimite son plan orthogonal, oblige peut-être à tenir pour une cité autonome. L'importance des traces de métallurgie sur le site – scories, moules, restes de fours – montre que c'était un grand centre artisanal, mais cela n'exclut pas qu'elle ait profité aussi des ressources agricoles tirées de l'exploitation de la vallée du Reno, ni de celles, commerciales, que permettait son implantation sur cette voie de communication naturelle entre Émilie et Toscane. Dans le cas d'une autre fondation de cette époque, le port de Spina, la fonction commerciale est encore plus évidente : ce port, édifié par les Étrusques vers le troisième quart du VIe siècle sur une des branches du delta du Pô, avec un plan orthogonal dont les conditions locales faisaient qu'il s'articulait ici sur un réseau de canaux qui en faisait une Venise antique, joua un rôle essentiel dans les échanges avec la Grèce – dont témoignent les richesses de près de 4 000 tombes des nécropoles de Valle Trebba et Valle Pega – et aussi, nous l'avons vu, dans la justification idéologique qu'on en avait imaginée dans le cadre de la thèse des origines pélasgiques des Étrusques.

Le commerce qui se faisait par Spina et les autres ports de la zone portait sur les productions padanes, ces richesses agricoles variées – céréales, vin, poix, bois, laine, viande, notamment porcine – qui assuraient, aux dires de Strabon (V, chap. 12), « la supériorité de cette région sur tout le reste de l'Italie ». Mais un atout de la zone, qui explique sans aucun doute l'intérêt renouvelé que lui portèrent les Étrusques de Toscane à l'âge classique, était sa situation privilégiée, au débouché vers la Méditerranée des circuits commerciaux avec l'Europe du Nord. Depuis toujours, le nord de la péninsule était une plaque tournante des communications avec les pays situés au-delà des Alpes et si un produit comme l'ambre, si important à époque préhistorique (on peut évoquer les trouvailles de Fratta Polesine, en Vénétie, attestant des rapports avec le monde mycénien), ne jouait plus le même rôle que dans le passé, l'étain, dont les sources d'approvisionnement étaient les lointaines îles Cassitérides, en Cornouaille ou en Armorique, était toujours aussi nécessaire pour fabriquer le bronze. Ces trafics, auxquels il en faut ajouter d'autres, moins susceptibles de laisser des traces archéologiques, comme le commerce des esclaves, avaient abouti à la mise en place de vastes réseaux d'échanges où les Étrusques, et spécialement ceux établis en zone padane, avaient une place centrale.

Les routes du commerce d'alors sont jalonnées par les trouvailles de ces cruches à vin caractéristiques à embouchure en bec de canard, auxquelles les archéologues donnent le nom allemand de *Schnabelkannen,* produites par les ateliers de Vulci ou Volsinies au ve siècle : on les retrouve de la Bohême à la Rhénanie, sur l'axe Saône-Seine et dans la vallée de la Loire et la tombe de la princesse celtique de Vix, sur l'oppidum du mont Lassois, à l'intersection des bassins de la Saône et de la Seine, en comportait un exemplaire à côté de son célèbre cratère, œuvre d'un artiste grec vraisemblablement de Sybaris ou de Poseidonia.

On le constate une fois de plus, les rapports avec les Grecs et avec les Étrusques ne s'excluent pas. Il faut également éliminer l'idée d'une guerre commerciale entre la voie alpine, qui aurait été contrôlée par les Étrusques installés en zone padane, et la voie rhodanienne, qui l'aurait été par les Grecs de Marseille. Les deux voies ont été utilisées et, en ce qui concerne les Étrusques, ils n'ont pas été exclus du trafic passant par la vallée du Rhône. Les découvertes de vases de bucchero et d'amphores de transport étrusques sur la côte méditerranéenne, de Gênes à Ampurias, attestent assez leur fréquentation dans ces zones, à laquelle la fondation de Marseille, vers 600, ne mit pas fin : une feuille de plomb trouvée à Pech Maho, près de Narbonne, porte un texte étrusque du ve siècle qui semble être un contrat commercial conclu par des commerçants tyrrhéniens établis dans la cité phocéenne, dont le nom apparaît au locatif (*Mataliai,* à Marseille). À cette époque, Lattes semble avoir abrité un comptoir étrusque florissant, entouré d'une enceinte : c'est sans doute vers lui que se dirigeait le navire dont l'épave (dite du Grand Ribaud F) a été retrouvée en 1999 au large de la presqu'île de Giens. Ce navire, datable de la période 515-470, transportait plus de mille amphores, empilées sur cinq couches, qui appartenaient peut-être au Manius, dont le nom *(Manies)* est inscrit en lettres étrusques sur un de ces vases. Ce Manius, comme ses compatriotes qui utilisaient la voie alpine, venait offrir aux populations locales le produit des vignobles étrusques : les Celtes étaient à ce point friands du précieux breuvage qu'ils n'hésitaient pas, aux dires de Diodore de Sicile (V, chap. 26), à échanger une amphore de vin contre un esclave.

Chapitre III

LE CRÉPUSCULE D'UNE CIVILISATION. DÉCLIN ET SURVIVANCES

I. – Les zones périphériques du monde étrusque

Le Ve siècle est encore une période faste pour le monde étrusque. Le renversement des Tarquins à Rome est une affaire interne, qui ne doit pas être interprétée en termes d'affrontement ethnique entre Étrusques et Latins et la défaite des navires tyrrhéniens devant Hiéron de Syracuse à Cumes en 474 ne représenta pas le coup d'arrêt brutal qu'on a parfois imaginé. Quant à l'appauvrissement des mobiliers funéraires qu'on note à cette époque – mais qui n'est nullement sensible en région padane –, on tend de nos jours à l'interpréter comme lié à la mise en place d'une législation somptuaire, limitant l'ostentation dont les grandes familles faisaient montre à l'occasion des funérailles des leurs et non comme dénotant une situation de crise généralisée. Il faut attendre la fin du Ve siècle et le début du siècle suivant pour que le déclin soit réellement perceptible. Et il toucha d'abord les extensions périphériques du monde étrusque, la Campanie et la plaine du Pô.

En Campanie, on assiste à la disparition de l'élément étrusque. Sans doute ne croit-on plus guère de nos jours, selon la présentation des sources latines, à une invasion violente par les Samnites descendus de leurs montagnes, qui se seraient emparés de Capoue, prise aux Étrusques en 423, et de Cumes, enlevée aux Grecs en 420 (Tite-Live, IV, chap. 37 et 44). Les sources grecques évoquent un processus plus complexe, parlant de la formation d'un nouvel ensemble, le peuple campanien, qui se situerait en 438 (Diodore, XII, chap. 31) : il aurait peu à peu imposé sa domination dans la région. Cette présentation, qui fait sa place, à côté des indéniables infiltrations samnites, à l'affirmation de populations italiques présentes sur place depuis les temps préhistoriques, rend mieux compte de ce qui dut être moins une invasion qu'un réveil de l'élément indigène, qui s'imposa aux dépens des maîtres étrusques ou grecs de la région. Le résultat en tout cas est clair : les inscriptions étrusques disparaissent, ne se rencontrant plus au IVe siècle qu'à Pontecagnano où elles finiront aussi par céder la place aux inscriptions de langue osque. Les Étrusques de Campanie sont désormais absorbés dans la population italique, de langue osque, et c'est à elle que les Romains auront affaire lorsque, à partir de 343, ils commenceront à prendre pied dans la région.

La situation est comparable dans le nord de l'Italie, en zone padane. L'adversaire est cette fois le Gaulois. Il faisait déjà sentir sa pression au Ve siècle, comme en témoigne une stèle funéraire de Bologne, à la forme typique en fer à cheval, décorée d'un cavalier étrusque affrontant un fantassin nu au long bouclier qui ne peut être qu'un Celte. Un de ces synchronismes dont les historiens antiques étaient friands plaçait la prise de la Milan étrusque, Melpum, par les Gaulois le même jour que celle de Véies par les Romains (Cornelius Nepos, cité par Pline, III, 125), donc en 396, et c'est effectivement au début du IVe siècle qu'on constate l'abandon du site de Marzabotto. L'organisation politique mise en place par les Étrusques dans la région, leur dodécapole du Nord, autour de Felsina qui reçoit alors, du nom des Celtes Boïens, son nom de Bologne (Bononia), disparaît à cette époque. Cela ne signifie pas pour autant que l'élément étrusque n'existe plus. On assiste à la formation d'habitats mixtes, où nouveaux venus et Étrusques se mélangent, comme à Monterenzio et Monte Bibele, dans la vallée de l'Idice au sud de Bologne. Spina, privée de son rôle de centre d'échanges par la transformation de l'arrière-pays, se mue en nid de pirates, avant que l'avancée du delta du Pô ne mette fin à son activité maritime et la réduise à l'état de hameau sans importance que décrira Strabon (V, chap. 1). À l'époque de Pline l'Ancien, il ne restera plus comme trace du passé tyrrhénien de contrée que le souvenir qui en subsistait dans la patrie de Virgile, Mantoue, fière de ses origines étrusques (III, 120).

II. – La conquête romaine

Les vicissitudes qui avaient affecté les provinces extérieures du monde étrusque étaient cependant moins graves que la lente avancée d'un ennemi qui s'attaquait au cœur même du pays toscan et, en moins d'un siècle et demi, entre la prise de la première des cités étrusques, Véies (396), et celle de la dernière, Volsinies (264), imposa sa domination à toute la dodécapole. Il s'agit bien évidemment de Rome. Elle respecta formellement l'indépendance de la quasi-totalité des cités toscanes : le cas de Véies, dont le territoire fut annexé et réparti entre quatre nouvelles tribus, resta isolé et ailleurs l'*Urbs* se contenta d'installer des colonies sur une partie du territoire des vaincus. Officiellement les anciens ennemis devenaient des alliés, qu'un traité particulier liait à Rome. Il était exceptionnel, comme cela se fit pour Caeré, qui avait été longtemps l'alliée de Rome, que leurs citoyens reçussent le droit de cité romaine (mais sous la forme mineure de *civitas sine suffragio,* sans le droit de vote, ni à plus forte raison celui d'occuper une charge de magistrat et de siéger au Sénat) – du moins avant que Rome ne fût contrainte, à la suite de la révolte des alliés italiens, las de supporter des charges sans aucune contrepartie, qui prit le nom de guerre sociale (91-88), à leur accorder le statut de citoyens. Mais les troupes qu'ils devaient fournir à la puissance hégémonique, les charges financières qui leur étaient imposées, en fonction d'une politique qui était décidée à Rome sans qu'ils y eussent la moindre part, montrent qu'ils n'étaient plus que des sujets, une composante parmi d'autres de l'*imperium Romanum*.

L'absorption de l'Étrurie dans l'Empire n'eut rien d'une conquête fulgurante et les Romains se plaisaient à opposer leur avancée, lente et méthodique, à l'épopée d'Alexandre le Grand, qui ne reposait que sur un seul homme. La première des villes vaincues, Véies, était la rivale de l'*Urbs* depuis toujours : lorsque Rome fut fondée, son territoire commençait juste de l'autre côté du Tibre et Rome dut batailler des siècles durant pour y installer ses paysans (et prendre le contrôle des salines qui faisaient la richesse du secteur de l'embouchure). La lutte, à laquelle on s'était plu à attribuer la durée d'une « grande année » de 365 ans, avait connu bien des péripéties – de l'anéantissement des 306 membres de la famille des Fabii, qui s'étaient imprudemment lancés en 477 dans une entreprise de conquête privée à la prise de dépouilles opimes (dépouilles enlevées par un chef romain qui avait tué de sa main un chef ennemi) par Cornelius Cossus sur le roi de Véies Lar Tolumnius en 437 (ou 426) – avant que Camille ne la conclût définitivement en prenant la ville au bout de dix ans de siège – durée artificielle qui renvoie certainement au modèle de la guerre de Troie, ce qui montre l'importance qu'eut l'événement pour les Romains d'alors.

On constate dans ce cas ce qui se vérifie ailleurs : la guerre ne fut pas menée d'une manière constante, il y eut de longues périodes de cessation d'hostilités et Rome ne fut pas toujours aussi nettement victorieuse que l'affirment nos sources. En particulier la guerre qui, entre 358 et 351, vit Rome affronter une série de cités étrusques méridionales conduites par Tarquinia resta dans la mémoire des Étrusques comme un moment où ils avaient cru arrêter la marche de la conquête. En 358 Rome avait subi l'humiliation de la défaite et, encore plus, celle de la mise à mort, dans un gigantesque sacrifice humain, de 307 des siens, faits prisonniers, sur le forum de Tarquina. Vers 330, Vel Saties, l'aristocrate vulcien pour qui fut édifiée la tombe François, s'y faisait représenter dans l'appareil du triomphateur, célébrant ainsi la victoire à laquelle il avait mené les troupes de sa cité dans cette guerre. Des siècles plus tard, les Étrusques en avaient gardé le souvenir. Dans la Tarquinia romanisée du Ier siècle apr. J.-C., la grande famille des Spurinna dressait, sur le forum de la cité, la statue d'un de ses membres dont l'inscription rappelait orgueilleusement les hauts faits accomplis contre Rome au cours de cette guerre.

Quoi qu'il en soit, ces succès n'eurent pas de conséquence à long terme. Au cours de la deuxième guerre samnite (326-304), où les Étrusques furent impliqués à partir de 311, puis lors de la troisième (298-290), dans des luttes confuses pour lesquelles la perte du récit de Tite-Live après 293 fait que nous avons du mal à reconstituer le déroulement des événements, Rome vainquit les cités toscanes. C'en était désormais fait de l'indépendance étrusque et, même si l'*Urbs* maintint, là comme ailleurs, des structures locales formellement autonomes, sans chercher à imposer un pouvoir direct dont elle aurait été bien incapable d'avoir les moyens, le processus de romanisation, dans une Italie dominée politiquement, militairement, économiquement et bientôt culturellement par Rome, était inexorablement engagé.

III. – Les causes du déclin : le cliché de la mollesse étrusque

Les Anciens avaient leur explication du déclin de la nation qui avait jadis dominé l'Italie centrale. Selon Diodore (V, chap. 40), « les Tyrrhènes se détachèrent de la vaillance qu'ils prisaient dans l'ancien temps et, à force de vivre dans les banquets et les délices efféminés, ils perdirent la réputation que leurs ancêtres s'étaient acquise à la guerre ». La richesse du pays étrusque, la prospérité de leurs cités étaient donc, aux yeux des moralisateurs antiques, ce qui les avait perdus, rendus incapables de résister à des peuples moins raffinés, et davantage portés sur les valeurs viriles, comme l'étaient les Samnites, les Gaulois et les Romains.

Nous pouvons laisser là l'appréciation de ces censeurs austères – qui n'a pas plus de valeur, pour l'historien moderne, que la position inverse de ceux qui, de Stendhal à A. Huxley et D. H. Lawrence, se sont fait les chantres des « aimables républiques étrusques », où, à l'opposé de ce qui se passait chez les soudards romains, on savait cultiver l' « art d'être heureux »[1]. Elle est intéressante au moins dans ce que ce motif de la mollesse (*tryphè* en grec, *luxuria* en latin) révèle du degré de prospérité à laquelle la civilisation étrusque en était arrivée, au moins pour ses couches dirigeantes, et de l'envie qu'elle suscitait chez des populations moins bien loties, mais chez qui l'économie de la *praeda,* du butin fait à la guerre, jouait un rôle essentiel (ce qui est le cas même pour Rome, surtout à l'époque de la conquête de l'Italie).

Rapportée au mode de vie de l'aristocratie, la description de Diodore n'est pas inexacte. Elle trouve une parfaite illustration dans les peintures que nous ont livrées les tombes étrusques de Tarquinia, où d'exceptionnelles conditions géologiques ont fait qu'elles

1. Voir Stendhal (à qui nous empruntons ces expressions), *Rome, Naples et Florence,* 1817-1826, *Promenades dans Rome,* 1829 ; A. Huxley, *Point Counter Point,* 1928 ; D. H. Lawrence, *Etruscan Places,* 1932.

ont subsisté en conservant toute leur fraîcheur de coloris – du moins avant que l'afflux des touristes ne contraigne les responsables à en limiter drastiquement l'accès au public ! On y voit s'y déployer les scènes de banquets, où les couples festoient, allongés sur leurs lits, servis par de petits serviteurs, jeux athlétiques – saut en longueur, lancer du disque, boxe, lutte –, courses de chars, avec souvent la représentation d'un accident spectaculaire, danses et musique, voire spectacles de jongleurs. Les archéologues actuels interprètent ces images comme décrivant les festivités qui accompagnaient les funérailles des membres des grandes familles et non ce qui aurait été leur vie de tous les jours. Il n'empêche que c'est bien dans ce luxe qu'ils avaient dû vivre et il est significatif que les défunts choisissaient de se faire représenter, sur le couvercle de leurs urnes funréraires, dans l'attitude du banqueteur, à demi allongé sur son lit, la coupe à la main : le Vel Saties de la tombe François, qui choisit de se faire peindre dans le costume du triomphe au milieu d'un décor évoquant les luttes entre Rome et les Étrusques, est un cas unique[1]. Nous sommes loin des valeurs que se plaisait à afficher l'aristocratie romaine ! On comprend que ces Toscans, chez qui l'embonpoint était considéré avec faveur comme le signe d'une position sociale enviée, donnant ainsi naissance à l'image proverbiale à Rome de l'*oboesus Etruscus,* l'Étrusque

1. Pour l'analyse du décor de cette tombe, voir F. Coarelli, Le pitture della tomba François a Vulci : una proposta di letrura, *Dialoghi di Archeologia,* 3, 1/2, 1983, p. 43-67 (= *Revixit ars,* Rome, 1996, p. 138-178) ; D. Briquel, *Le regard des autres, les origines de Rome vues par ses ennemis,* Paris, Les Belles Lettres, 1997, p. 57-116.

obèse, aient été considérés avec mépris par les Romains qui punissaient les chevaliers trop gros, suspects de ne plus pouvoir monter à cheval pour faire la guerre.

IV. – Les scandaleuses femmes étrusques

Plus encore que les hommes, les femmes étrusques étaient la cible des critiques. Dès le IVe siècle, on voit se répandre chez les auteurs grecs l'idée que la femme étrusque était une dévergondée. Là encore, les peintures des tombes de Tarquinia montrent ce sur quoi se focalisaient ceux qui répandaient cette réputation déplorable. On y voit les hommes banqueter allongés au côté de leur épouse. Or cela était contraire aux mœurs helléniques. En Grèce, une femme respectable ne participait pas à un banquet : c'était une affaire d'hommes et si on y voyait des femmes, il s'agissait de prostituées, ou de danseuses et musiciennes, ce qui revenait au même. Le grief dut être diffusé par les mêmes milieux syracusains qui présentaient les Étrusques comme de dangereux pirates : on voit en tout cas le « très médisant » Théopompe (au jugement de Cornelius Nepos, *Vie d'Alcibiade*), le reprendre au IVe siècle et lui assurer un succès durable. Les Romains ne se privèrent pas d'attaquer à leur tour sur ce point leurs voisins septentrionaux : en contrepoint de l'image de la matrone idéale qu'était Lucrèce, victime des Tarquins, ils se plurent à dresser celle des femmes, étrusques, de la famille royale, qui passaient à faire bombance des soirées que l'épouse de Collatin occupait à filer la laine avec ses servantes.

Ce trait montre combien cette réputation des femmes toscanes est fausse : le dépôt d'instruments liés au filage et au tissage – pesons, fusaïoles – dans les tombes féminines prouve qu'ils avaient, tout autant que les Romains, comme modèle idéal de la femme la mère de famille filant la laine, la *lanifica mulier,* et, loin d'y voir un dévergondage, nous aurions tendance à juger positivement de l'amour conjugal qu'expriment par-delà la mort les couples allongés côte à côte sur les deux « sarcophages des époux » presque identiques, de la fin du VIe siècle, trouvés à Caeré dont un se trouve au Louvre, l'autre à la Villa Giulia à Rome, ou peut-être encore plus ceux formés d'un homme et d'une femme déjà vieillissants, qui se serrent l'un contre l'autre sous la même couverture, qu'offrent deux couvercles de sarcophages de Vulci du deuxième quart du IVe siècle, aujourd'hui au musée de Boston.

Cependant il faut reconnaître que la liberté dont semblaient faire preuve les femmes étrusques avait de quoi surprendre Grecs et Romains, qui n'étaient pas habitués à un tel comportement de la part de leurs compagnes. La femme toscane n'était pas confinée dans un gynécée et jouissait d'un statut personnel plus favorable que celui existant à Rome ou à Athènes. Nous savons, il est vrai, si peu sur le fonctionnement de la société étrusque que nous ne saurions dire en quoi consistait exactement cette plus grande liberté. Mais nous en avons au moins un signe indubitable : la femme étrusque dispose d'un prénom, et non de son seul nom de famille, ou gentilice (qui est celui de sa famille d'origine). Ce n'est pas anodin : la femme romaine est désignée par son seul gentilice et, dans le monde antique où l'onomastique exprime la condition sociale et juridique de l'individu, la différence entre Rome et l'Étrurie est significative. La femme romaine appartient certes à une famille, puisqu'elle porte un nom de famille qu'elle a reçu de son père, ce qui la distingue des esclaves qui ont eux aussi un seul nom, mais différent (c'est un nom individuel, que l'esclave ne reçoit donc pas d'un père ni ne transmet à des enfants : ce qui signifie que, juridiquement, il n'a pas de famille). Mais elle n'est qu'un élément sans individualité propre au sein de ce groupe, alors que les hommes ont un prénom qui les connote chacun en tant que personnes. La femme étrusque, au contraire, montre, par son prénom, qu'elle a sa personnalité, et celle-ci était certainement juridiquement reconnue, sans qu'elle apparaisse comme cette mineure, soumise à la tutelle d'un père ou d'un mari, qu'est longtemps restée la femme romaine.

Il ne faudrait pas pour autant exagérer la portée de l'originalité tyrrhénienne sur ce point. Au XIXe siècle, l'Allemand Bachofen s'était ingénié à retrouver chez les Étrusques le matriarcat qu'il imaginait comme ayant été la règle dans la Méditerranée de l'époque néolithique, lorsque l'agriculture et l'élevage avaient mis à l'honneur les valeurs de fécondité que paraissent exprimer les « Vénus » de cette époque. L'indication, fréquente, du matronyme, c'est-à-dire du nom de la mère, pour désigner les individus ne signale que l'union entre deux groupes familiaux, où les hommes ont une place prépondérante, et l'importance que la tradition romaine attribue à des femmes étrusques comme Tanaquil, épouse de Tarquin l'Ancien, qui interprète les signes divins reçus par celui-ci puis par le jeune Servius Tullius et joue un rôle central dans leur accession au trône, ou Tullia qui proclame elle-même, en plein Forum, son époux, Tarquin le Superbe comme roi de Rome, relèvent, comme le notait A. Momigliano, de l'imagination romaine et non de la réalité étrusque. Mais cette imagination romaine, et plus près de nous les fantasmagories de Bachofen se sont fondées sur une situation qui, pour l'Antiquité classique à tout le moins, dénotait une indéniable avancée de la condition féminine[1].

V. – Les difficultés politiques et sociales de l'Étrurie

Ce ne sont évidemment pas ces raisons, émises par les Anciens, qui leur faisaient parler d'une décadence des Étrusques, qui expliquent qu'ils aient si mal résisté aux Gaulois, Campaniens ou Romains. Il faut faire intervenir des facteurs politiques, autrement graves. Nous avons déjà évoqué la désunion des cités étrusques. À aucun moment la ligue n'a su faire front commun contre les empiétements de Rome. Au temps de la lutte finale contre Véies, Caeré était l'alliée de Rome, les autres cités, régies par des régimes républicains, ne voulaient pas s'engager aux côtés d'une ville qui s'était redonné un roi et, dans le Nord, le péril gaulois dissuadait d'envoyer des secours à une cité étrusque située aux confins méridionaux du pays.

1. L'ouvrage de Petra Amann, *Die Etruskerin, Geschlechterverhältnis und Stellung der Frau im frühen Etrurien (9.-5. Jh. v. Chr.)*, Vienne, Verlag der österreichischen Akademie der Wissenschaften, 2000, a fait le point sur la question de la position de la femme en Étrurie.

Lors des conflits ultérieurs, les villes toscanes ne firent pas preuve d'une cohésion plus grande : la guerre de 358-351 impliqua des cités du Sud, Tarquinia, Vulci, même Caeré, qui trahit un moment son alliance avec l'*Urbs,* ainsi que les Falériens et Capène, qui étaient des cités voisines de Véies, mais non étrusques et les villes du Nord n'y prirent pas part. L'inverse se produisit dans la guerre qui s'ouvrit en 311. Cette fois les Romains s'en prirent à Pérouse, Arezzo, Cortone, tandis que Tarquinia, dans le Sud, renouvelait la trêve qu'elle avait conclue avec Rome en 351 et qui venait alors à expiration. Face à l'ennemi romain, l'union du *nomen Etruscum* que nos sources affirment parfois, magnifiant ainsi la victoire de l'*Urbs,* ne fut qu'un mythe. Il n'y eut que des alliances partielles, momentanées et Rome trouva des appuis chez les Toscans eux-mêmes.

Un point en effet, qui n'est pas clairement exprimé dans nos sources mais apparaît parfois au détour de la narration, joua un rôle essentiel. On nous apprend par exemple qu'en 302, à Arezzo, la plèbe se souleva contre la famille des Cilnii, qui exerçait alors le pouvoir dans la cité et que celle-ci fit appel à Rome, dont les légions vinrent rétablir l'ordre. Plus tard, à Volsinies, c'est carrément une révolte des esclaves qui se serait produite ; elle aurait renversé les maîtres qui dirigeaient la cité et c'est à ces esclaves insurgés que M. Fulvius Flaccus reprit la ville en 264.

Les indications que donnent nos textes sont confuses : il est fait mention tantôt de plèbe, tantôt d'esclaves, et de l'autre côté de nobles, de princes ou de maîtres. En fait cette incertitude de vocabulaire semble traduire l'incapacité des Romains (ou des

Grecs) à exprimer en des termes juridiquement adéquats la situation sociopolitique de la Toscane d'alors. Il semble en effet qu'un fossé s'était creusé entre une étroite couche de dirigeants, ces aristocrates dont les tombes peintes de Tarquinia (qui ne représentent que 5 % de l'ensemble des tombes !) nous font voir le mode de vie fastueux, et le reste de la population, même libre. Il est d'ailleurs possible qu'en dessous d'une oligarchie de grandes familles qui tenait les rênes du pouvoir, contrôlait l'économie et même, nous le verrons, la religion, il ait existé des individus tenus dans un statut de servage, que Denys d'Halicarnasse appelait « pénestes » (IX, chap. 5), terme qui désignait des paysans de Thessalie rivés à leur terre, et qui, comme ceux-ci, n'auraient pas joui de la plénitude des droits civiques.

Nos ignorances sont ici énormes. Mais il est certain que les cités étrusques étaient dominées par un nombre limité de grandes familles, dont nous connaissons bien quelques-unes, les Cilnii à Arezzo (à qui se rattachait Mécène, le conseiller d'Auguste), les Caecinae de Volterra (dont Cicéron défendit un membre dans un plaidoyer célèbre et dont un autre – sans doute le fils du précédent – fut l'ami et le correspondant de l'orateur), les Spurinnae de Tarquinia (chez qui César recruta son haruspice personnel). On peut parler à ce propos d'oligarchie. Les tendances démocratiques se firent sans doute jour dans certaines cités, à certaines périodes. L'attestation la plus nette en est la nécropole du Crocefisso del Tufo, de la fin du VIe siècle, qui s'étend au pied du plateau sur lequel s'élevait Volsinies (de nos jours Orvieto) : les tombes y sont ordonnées selon un plan rigoureux, alignant le long de rues qui évoquent ce que devait être la ville des vivants les façades de tombeaux rigoureusement identiques, chacune marquée au nom du défunt dont c'était la dernière demeure. Mais une telle image d'isonomie parfaite est exceptionnelle dans notre documentation. Ce qui transparaît ailleurs est bien plutôt celle d'une aristocratie puissante, commandant à des couches inférieures sans qu'une classe moyenne n'émergeât véritablement. Et à la campagne, à en croire les quelques textes susceptibles de nous fournir des indications, la terre paraît avoir été surtout aux mains de grands propriétaires qui la faisaient travailler par des agriculteurs en état de dépendance, sinon de servitude au sens propre.

VI. – Le lent processus de romanisation

Cette situation donna lieu à des tensions, voire à des révoltes ouvertes comme celles d'Arezzo ou de Volsinies. Dans ces cas, les aristocrates chassés du pouvoir firent appel à Rome. Mais une telle réaction dut être générale. Devant le danger de subversion, les nobles étrusques durent se tourner vers leurs homologues romains, les membres de l'oligarchie qui contrôlaient le Sénat et les magistratures. À une époque précédente, les aristocrates toscans, confrontés aux troubles sociaux, avaient fait appel à des compatriotes, ceux qui dirigeaient d'autres cités : un des éloges du forum de Tarquinia, rédigé en latin au Ier siècle apr. J.-C., évoque une guerre servile qu'un Spurinna alla réprimer à Arezzo et une autre inscription de Tarquinia, étrusque cette fois, révèle l'existence de liens matrimoniaux entre les Spurinnae de cette cité et les Cilnii d'Arezzo. Mais la puissance de Rome fit bientôt que seule l'*Urbs* parût à même de préserver l'ordre social : ceux que les sources latines appellent les *principes,* les princes, firent le choix de l'alliance avec Rome. Ainsi se créèrent des liens, dont les exemples que nous avons évoqués – pour les Spurinnae, Caecinae, Cilnii – sont l'illustration et les noms de certains sénateurs montrent qu'ils étaient des Toscans d'origine[1].

L'entrée dans l'empire de Rome ne se traduisit pas par un abandon immédiat des valeurs et des traditions locales. Nous l'avons rappelé, jusqu'à la guerre sociale, les Étrusques furent des alliés, qui restaient théoriquement indépendants. Les cités gardaient leur Sénat et leurs magistrats : les inscriptions qui mentionnent des *zilath* ou *maru* étrusques datent souvent de la période d'après la conquête et il en va de même pour les peintures tombales ou reliefs de sarcophages figurant des cortèges de magistrats, accompagnés de leurs appariteurs. Rome ne chercha pas non plus à imposer sa langue. C'est, par exemple, en étrusque qu'un ancien combattant de la deuxième guerre punique, Larth Felsnas, évoquait, dans l'inscription qu'il laissa sur la paroi d'une tombe de Tarquinia, ses agissements à Capoue et « avec les gens d'Hannibal » – sans que notre ignorance de la langue nous permette de comprendre exactement ce qu'il fit, assurément dans le cadre d'un contingent allié de l'armée romaine. C'est également en étrusque que des Toscans, sans

1. Ce point a été étudié par M. Torelli, Senatori etruschi della tarda repubblica e dell'impero, *Dialoghi di Archeologia,* 3, 1969, p. 285-363.

doute anciens soldats de Marius, venus installer une colonie en Tunisie, dans la région de l'Oued Miliane, rédigèrent le texte inscrit sur leurs cippes de bornage, quand bien même ils s'y présentaient comme des Dardaniens, se référant par là à la légende des origines troyennes de Rome.

Néanmoins la romanisation était en marche. Dès avant la concession du droit de cité romaine, à la fin de la guerre sociale, les contacts multipliés avec Rome, l'installation de colons sur certains points du territoire (Alsium, Cosa), les mouvements divers de population, l'attrait de l'*Urbs* ne pouvaient que pousser à la dilution de l'identité nationale étrusque dans le nouvel ensemble où la Toscane n'était plus qu'une province de l'*imperium Romanum*. Signe de la disparition d'une civilisation autonome, la langue étrusque sortit de l'usage au cours du Ier siècle avant notre ère. On voit alors les épitaphes rédigées en étrusque se raréfier. Parfois, lorsqu'elles étaient encore rédigées en étrusque, elles étaient écrites en caractères latins, ce qui prouve que la langue n'était plus qu'une sorte de patois, ne faisant plus l'objet d'un enseignement et n'ayant plus la dignité d'une langue écrite, avec son écriture propre. D'autres fois, au contraire, on assiste à la volonté de maintenir la langue et l'écriture locales, mais sur des épitaphes bilingues, qui montrent qu'il s'agit d'individus romanisés. Nos dernières inscriptions étrusques datent de la fin du règne d'Auguste : ce sont justement des inscriptions bilingues, comme celle de l'hypogée des Volumnii à Pérouse. Bientôt le rappel des racines étrusques ne se fera plus que par le truchement du latin : vers le milieu du Ier siècle de notre ère, sur le forum de Tarquinia, les éloges de membres de la famille Spurinna qui avaient dirigé la cité au Ve ou au IVe siècle célébraient leur gloire en latin, quand bien même ces textes évoquaient les guerres qu'ils avaient menées contre Rome.

Mais ce rappel des gloires nationales est exceptionnel. Le point que les Étrusques du temps cherchaient à souligner était avant tout ce que Rome leur devait. Tout un débat se développa, à l'époque augustéenne, sur ce que les différentes composantes de l'Italie avaient apporté à la civilisation romaine. On voit ainsi Virgile, fier des origines tyrrhéniennes de sa ville de Mantoue et protégé de l'étrusque Mécène, renverser la présentation traditionnelle de la légende d'Énée qui faisait des Étrusques ses ennemis, les alliés du méchant Turnus, en affirmant, dans l'*Énéide,* que le héros troyen trouvait chez eux ses appuis les plus solides : c'est désormais en fonction de Rome que chacun des peuples de la péninsule essayait de se situer et de se faire valoir.

VII. – **L'atout de l'Étrurie : la discipline étrusque**

Il est cependant un point sur lequel les Étrusques pouvaient se prévaloir d'apporter à Rome quelque chose d'essentiel, appartenant en propre à leur civilisation : ce qui touchait à la religion. Car, selon une formule célèbre de Tite-Live (V, chap. 1), ils étaient « un peuple qui s'adonne plus que tout autre aux affaires de la religion ». Il est remarquable que, désormais, c'est cette image positive des Étrusques qui s'imposa dans la littérature, au point qu'on prétendait que le nom de leur peuple en latin, *Tusci,* venait du verbe qui, en grec, signifiait sacrifier, *thuein.* Sous l'Empire, en revanche, les images négatives de l'Étrusque pirate ou de l'*oboesus Etruscus,* se complaisant dans le luxe et la mollesse, qu'une propagande hostile avait jadis répandues, furent oubliées.

Il faut cependant noter que cette religion étrusque, qui apparaissait dès lors comme le plus beau fleuron de la civilisation tyrrhénienne et que ce peuple avait transmise à Rome, correspondait à un aspect bien particulier de la religion. Il s'agissait surtout de ce que les Anciens appelaient l'*Etrusca disciplina,* la discipline étrusque.

Dans cette expression, le terme « discipline » a le sens, qu'avait normalement ce mot en latin, de science : c'était une science, mais appliquée au domaine de la religion. Par là, les Étrusques se présentaient avec des gages de sérieux, aux antipodes de ce que les Romains considéraient comme *superstitio,* superstition, et où ils avaient tendance à ranger tout ce qui était de l'ordre de l'effusion personnelle, de la religiosité excessive et incontrôlée à laquelle pouvaient se livrer des individus en dehors du cadre de la religion officielle de l'État. C'était aussi une science dans laquelle il fallait se former – le terme *disciplina* est tiré du verbe *discere,* qui signifie « apprendre » –, ce qui se faisait en étudiant ses principes qui étaient contenus dans des livres, les *libri Etrusci,* livres étrusques, dont nous parlent les textes latins, et qui étaient la littérature sacrée où cette discipline étrusque était exposée.

Cet aspect écrit, se fondant sur un corpus de livres, constituait une originalité de la religion étrusque au sein du monde antique, où le paganisme, qu'il soit grec ou latin, n'avait pas de livres de référence. On a souvent, à ce propos, qualifié la religion étrusque de « religion du livre » – religion des livres serait au reste plus exact – et c'était assurément un atout important de cette tradition religieuse par rapport à d'autres, qui pouvait justifier l'attention que les Romains lui portèrent. Mais cela était d'autant plus fondé que cette littérature sacrée n'était pas présentée comme une œuvre humaine. On racontait que ces livres étrusques transcrivaient la révélation que des êtres divins avaient délivrée, aux premiers temps de l'histoire du peuple. Une tradition voulait que cette révélation ait été faite par une nymphe, appelée Vegoia, dans la région de Chiusi. Mais la tradition la plus connue est celle de Tagès, qui aurait été un enfant surgi d'un sillon qu'un laboureur était en train de creuser près de Tarquinia : cet enfant se serait mis à prophétiser devant les Étrusques accourus voir le miracle. On a là une légende qui combine les motifs de l'autochtonie (naissance de la terre) et de l'enfant-vieillard, enfant qui possède la sagesse qui apparaît normalement comme l'apanage d'un âge avancé, et elle suscitait l'ironie des esprits forts, comme Cicéron (*De la divination,* II, 41). Elle n'en apportait pas moins une garantie divine, qui fait qu'on a parlé aussi, pour qualifier la religion étrusque, de « religion révélée ».

VIII. – **Les haruspices**

Les expressions « religion du livre » et « religion révélée », avec leurs connotations modernes, risquent de donner une idée fausse de ce qu'était le contenu de cette religion étrusque, et de ce que les Romains sont allés y chercher. Les livres sacrés étrusques étaient divisés en trois catégories, les livres de l'haruspicine, les livres des foudres et les livres des rites. La première catégorie traitait de l'haruspicine, c'est-à-dire, au sens propre, de l'examen du foie des victimes offertes aux dieux en sacrifice et des indications que l'homme pouvait en tirer : on est donc dans le domaine de la divination et cet examen du foie visait à repérer et à interpréter les signes que les dieux y avaient placés. Les Étrusques, comme les civilisations de l'antique Mésopotamie, utilisaient largement cette technique divinatoire, que ne méconnaissaient pas les Grecs (qui lui donnèrent le nom d'hépatoscopie). Les livres des foudres avaient également un contenu divinatoire ; cette fois les signes que ces livres se faisaient fort d'interpréter étaient ceux que le Jupiter étrusque, Tinia, et les huit autres dieux fulgurants que connaissait le panthéon étrusque adressaient à l'homme par les foudres. La dernière série de livres, les livres des rites, n'étaient pas non plus totalement étrangers à la divination, puisqu'on y trouvait des indications sur le sens à donner aux prodiges, événements rompant le cours naturel des choses – allant des comètes ou tremblements de terre à des naissances d'animaux à cinq pattes ou d'enfants à deux têtes – dans lesquels on subodorait l'intervention du surnaturel. Mais on y trouvait aussi l'exposé des rites, et les Romains savaient que nombre des leurs avaient été empruntés à leurs voisins du Nord : c'était le cas en particulier du rituel de fondation des cités, que Romulus était censé avoir suivi en fondant Rome.

Les techniques divinatoires et les rites étaient mis en œuvre par des spécialistes qui s'étaient longuement formés par l'étude des livres, et également, pour l'hépatoscopie, par celle de foies-modèles en bronze, comme celui qui a été découvert en 1877 dans un champ près de Plaisance, en Émilie, sur lequel sont portées les indications indispensables pour l'interprétation des signes. Ces spécialistes étaient les haruspices, dont le nom se rapportait au départ à la seule divination par l'examen du foie, mais avait été étendu à toute l'*Etrusca disciplina*. Ils appartenaient aux plus grandes familles de l'aristocratie toscane : celles-ci se transmettaient comme un bien héréditaire leurs livres et le père en apprenait les principes à son fils. Les oligarques étrusques étaient conscients de ce que cette maîtrise de la religion pouvait apporter à leur pouvoir et on n'est pas étonné de voir, peints sur les parois de leurs tombes, des membres de l'aristocratie porteurs du costume caractéristique des haruspices, un manteau court, dont certaines représentations induisent à penser qu'il pouvait être fait de la peau d'un animal sacrifié, et une sorte de béret surmonté d'une haute pointe. Ce couvre-chef, figuré sur des sarcophages, servait à désigner le défunt comme un haruspice ; il est parfois posé sur ce qui ressemble à un drap plié, mais qui est la reproduction des livres sacrés, pour lesquels on avait gardé l'antique support d'écriture qu'étaient les livres de lin, tissus sur lesquels on écrivait à l'encre et qu'on pliait à la façon de nos cartes routières.

Ces spécialistes étrusques de la divination et des rites prouvèrent vite leur utilité aux Romains. Dans leur religion nationale, les Romains n'avaient pas en effet l'équivalent des haruspices. Ils connaissaient certes des formes de divination, comme celles que pratiquaient les augures, mais ceux-ci se bornaient à demander si les dieux accordaient leur assentiment, en procédant à une prise d'auspices, c'est-à-dire en observant les oiseaux, dont le vol pouvait avoir valeur de oui ou de non, selon le côté où on l'observait. Une technique aussi sommaire ne trouvait à s'exercer que dans des cas particuliers, où on pouvait apporter une réponse simple, de l'ordre de l'assentiment ou du refus – ainsi lorsqu'un chef devait décider s'il convenait d'engager le combat, ou pour valider ou infirmer le vote d'une loi ou des élections. En outre, l'art des augures n'expliquait pas ce qui motivait une réponse négative. À plus forte raison tout le vaste champ des prodiges restait-il en dehors de leurs compétences : leur religion nationale n'apprenait pas aux Romains ce qu'il convenait de faire pour apaiser ce qui ne pouvait manquer d'être interprété comme une marque de colère de la part des dieux. Or, sur tous ces points, l'haruspicine étrusque était à même de remédier à ce qui pouvait apparaître comme une insuffisance de la religion romaine.

C'est pourquoi les haruspices eurent rapidement leur place à Rome. Ce qui peut sembler étonnant pour un peuple qui avait été longtemps l'ennemi des Romains, le Sénat se dépêcha, au lendemain de la conquête, d'organiser un corps d'haruspices susceptible de répondre aux besoins de l'État romain en matière de prodiges, qui lui indiquât quel était leur sens et quelles mesures il convenait de prendre pour les procurer, c'est-à-dire rétablir la situation de bonnes relations avec les dieux sans lesquelles les opérations menées par la cité ne pouvaient qu'être vouées à l'échec. Cicéron (*De la divination,* I, 92) et Valère-Maxime (I, chap. 1) précisent que Rome demanda aux grandes familles de toutes les cités toscanes de former des jeunes à cet effet : ce fut l'origine de l'*ordo sexaginta haruspicum,* l'ordre des soixante haruspices, dont des inscriptions d'époque impériale nous font connaître une douzaine de membres. Le besoin devait être particulièrement pressant pour qu'on fît ainsi appel à des adversaires qui venaient à peine d'être vaincus et qu'on donnât de la sorte une place à un corps formé uniquement d'étrangers (car nous sommes bien avant la concession de la citoyenneté romaine à tous les Italiens) au sein des rouages religieux de le *res publica* romaine. À l'imitation de Rome, d'autres cités voulurent avoir leur corps d'haruspices : on en connaît, par l'épigraphie, dans treize villes de l'Empire. On forma même, sous les Sévères, un corps d'haruspices militaires, les haruspices de légion.

Le succès de l'haruspicine ne se limitait pas à la religion officielle. Une foule d'haruspices privés proposait ses consultations au public moyennant finance : dans la Carthage de la fin du IVe siècle apr. J.-C., le futur saint Augustin, alors étudiant, y eut encore recours (*Confessions,* IV, chap. 2). Beaucoup de ces haruspices étaient de pauvres hères, comme ceux qui parcouraient la campagne et dont Caton interdisait la fréquentation à son intendant (*Traité d'agriculture,* chap. 5). Mais d'autres étaient de haute volée, appartenant à de vieilles familles toscanes, comme le Spurinna qui fut l'haruspice de César. Les grands personnages eurent en effet des haruspices à leur service – Sylla eut aussi le sien, Postumius, et on en rencontre aussi auprès des Gracques et même de Verrès. Sous l'Empire, les empereurs eurent leurs spécialistes attitrés d'*Etrusca disciplina,* qui étaient à même de leur apporter les lumières de la science religieuse tyrrhénienne. L'un d'entre eux, Umbricius Melior, se rendit célèbre pour avoir annoncé son prochain renversement à l'empereur Galba au cours d'un sacrifice auquel assistait Othon qui allait lui succéder. Il est connu pour avoir écrit un traité sur la discipline étrusque : certains haruspices s'employèrent en effet à faire connaître la science religieuse toscane au travers d'ouvrages spécialisés, que citent Sénèque et Pline l'Ancien dans les traités scientifiques que sont les *Questions naturelles* et l'*Histoire naturelle.*

IX. – **Religion étrusque et christianisme**

La religion étrusque connut même un renouveau inattendu à la fin de la période impériale, du fait de la montée des religions nouvelles et en premier lieu du christianisme. Car la vieille religion étrusque, ou du moins ce qui en subsistait, désormais intégrée au sein de la religion romaine, apparut à certains comme ce qui permettait le mieux de résister à ce que, en 47 apr. J.-C., l'empereur Claude, lorsqu'il entreprit de réorganiser l'ordre des haruspices, définissait comme les « superstitions étrangères » (Tacite, *Annales,* XI, chap. 15). Nous avons rappelé les expressions « religion du livre », « religion révélée » dont on use souvent pour caractériser la religion étrusque. Ce qu'elles évoquent de la religion juive ou chrétienne montre que ce furent là des atouts dont l'antique tradition religieuse toscane pouvait paraître disposer face à ses rivales, et qui n'existaient pas dans le paganisme proprement romain : la religion étrusque pouvait elle aussi se prévaloir de livres sacrés, se référer à des figures de prophètes qui conféraient une origine divine à ses préceptes. Comme l'expose la lettre d'un prêtre païen, Longinianus, conservée dans la correspondance d'Augustin (n° 234), les Romains n'avaient pas besoin de se tourner vers la Bible ou des prophètes nés en Judée : avec les livres sacrés étrusques et un prophète comme Tagès, ils avaient des livres saints, une révélation ancrés dans le sol italien, qui représentaient la tradition religieuse nationale, à laquelle ils devaient se référer en priorité.

Les haruspices furent parfois à la pointe de la lutte contre les chrétiens : l'haruspice officiel de Dioclétien, selon Lactance (*De la mort des persécuteurs,* chap. 10), fut à l'origine du déclenchement de la grande persécution. Mais ce n'était pas, comme les en accusaient les apologistes chrétiens, par peur de perdre leur importance dans le monde romain, et d'abord dans la religion officielle, qu'ils agissaient ainsi. Un texte comme celui de Longinianus – un des rares textes où on voit exposé le point de vue des adversaires du christianisme – montre que ce qui subsistait alors de l'antique religion étrusque leur semblait essentiel à la bonne marche de l'Empire, et par là au maintien de l'identité romaine. Mais, bien sûr, ce ne pouvait être là qu'un combat d'arrière-garde. Lorsque l'État romain était païen, l'implication de ce qui subsistait de l'antique tradition religieuse étrusque dans la religion officielle avait pu apparaître comme un avantage. Il allait se révéler désastreux à partir du moment où l'Empire rompait avec le paganisme. Les décrets de Théodose, interdisant l'exercice du culte ancestral, en 391, 392, puis 399, s'ils constituèrent, comme on l'a dit, « l'arrêt de mort du paganisme », le furent particulièrement pour ce qui y subsistait de la religion étrusque. Lié, par l'haruspicine, à la pratique, désormais interdite, du sacrifice, ou à la divination, particulièrement suspecte car toujours soupçonnée de viser au renversement du prince, ce dernier reste de l'antique civilisation étrusque ne pouvait que disparaître[1].

1. Sur la relation entre religion étrusque et christianisme on verra notre ouvrage *Chrétiens et haruspices. La religion étrusque, dernier rempart du paganisme romain,* Paris, Presses de l'École normale supérieure, 1997.

Chapitre IV

LA REDÉCOUVERTE DES ÉTRUSQUES : LA LANGUE ÉTRUSQUE, ENTRE SCIENCE ET MYSTÈRE

I. – Naissance de l'intérêt pour les Étrusques

La Renaissance marqua le début de l'intérêt des Modernes pour les Étrusques. Les Toscans des XVe et XVIe siècles ne pouvaient manquer de se pencher sur la civilisation qui avait illustré leur province et dont on commençait à explorer les monuments, comme ce tumulus de Castellina in Chianti, dont Léonard de Vinci fit un dessin lors de sa découverte en 1507. Les érudits se mirent à rassembler les témoignages que les Anciens avaient laissés sur les Étrusques, sans toujours s'embarrasser de scrupules, comme cet Annius de Viterbe, dominicain qui, dans son ouvrage paru en 1498 qui constitue en quelque sorte le début des études étruscologiques[1], n'hésitait pas à suppléer à l'insuffisance des sources en forgeant de toutes pièces des documents. On fouilla le sol à la recherche des restes du peuple étrusque : cette archéologie naissante fut

1. Cet ouvrage rédigé en latin, communément appelé *Antiquités,* mais au titre beaucoup plus long *(Commentaires sur les œuvres de divers auteurs traitant des Antiquités),* parut à Rome en 1498 et fut réédité à Paris en 1512 puis en 1515, ce qui prouve son succès.

couronnée par des découvertes, comme celles de deux statues en bronze qui sont parmi les œuvres majeures qui nous soient parvenues, la *Chimère* d'Arezzo, trouvée en 1556 et l'*Arringatore* (le Harangueur), trouvé en 1566. Ces chefs-d'œuvre furent acquis par le grand duc de Toscane, Côme Ier de Médicis (1519-1574), qui se posait en héritier des Lucumons de l'Antiquité : la fierté de se rattacher à ces prestigieux ancêtres fut un stimulant pour les Toscans, qui poussa bientôt, à l'imitation des princes, nombre d'entre eux à se constituer des collections d'antiquités étrusques. Jusqu'à ce qu'elle prît un tour plus scientifique, ce qui ne se produisit guère avant la seconde moitié du XIXe siècle, la recherche s'apparenta plutôt à un pillage désordonné des tombes, qui alimenta un commerce florissant d'antiquités, qui eut pour effet de remplir les grands musées européens de centaines d'objets découverts dans les nécropoles étrusques. La collection que s'était constituée à Rome le marquis Campana (1807-1880), achetée par Napoléon III en 1861, amena en France près de 12 000 pièces qui, réparties entre le Louvre et de nombreux musées de province, forment aujourd'hui encore souvent la base de leurs fonds antiques.

On peut parler d'étruscomanie et non d'étruscologie à propos de cet engouement pour les Étrusques. Il eut au moins, dès le début, un aspect qui se voulait scientifique : les fouilles livraient des inscriptions rédigées dans l'écriture et la langue des anciens Toscans, dont il fallait bien reconnaître qu'elle n'était ni du latin, ni du grec. Dès la Renaissance, on s'interrogea sur cette langue mystérieuse et ce fut un aspect essentiel de la fascination que l'Étrurie antique

Nom des lettres dans l'alphabet grec chalcidien	Valeur phonétique des lettres	Forme des lettres dans l'alphabet grec chalcidien puis dans l'alphabet étrusque	Changement de valeur de certaines lettres en étrusque	Alphabet latin primitif	Alphabet latin évolué * lettres nouvelles
alpha	a	𐌀		A	A
beta	b	B		B	B
gamma	g	𐌂	k	𐌂	C
delta	d	D		D	D
epsilon	e	𐌄		E	E
digamma	ou	𐌅		F	F (valeur f)
zeta	dz	I	ts	I	G
heta	h	𐌇		𐌇	H
theta	th	⊗			
iota	i	I		I	I
kappa	k	K		K	K
lambda	l	𐌋		𐌋	L
mu	m	𐌌		𐌌	M
nu	n	𐌍		𐌍	N
[xi]	s	⊞			
omicron	o	o		o	O
pi	p	𐌐		𐌐	P
san	s	M			
qoppa	k	ϙ		ϙ	Q
rho	r	𐌓		R	R
sigma	s	𐌔		𐌔	S
tau	t	T		T	T
upsilon	ou	V		V	V
xi	ks	X		X	X
phi	ph	φ			Y*
chi	kh	Ψ			Z*

Passage de l'alphabet grec à l'alphabet étrusque, puis à l'alphabet latin exerça, et continue à exercer de nos jours. Un des buts que Côme Ier avait assignés à l'Académie qu'il avait fondée en 1541 était de déchiffrer l'étrusque. Elle le fit il est vrai dans une perspective qui semblerait délirante de nos jours : dans la ligne des idées d'Annius de Viterbe, qui rattachait les Étrusques à la Bible et en faisait un peuple arrivé en Italie avec Noé au temps du Déluge, elle faisait de l'étrusque une langue « aramaïque », apparentée à l'hébreu. Mais, à l'époque, d'authentiques savants, comme le Français Guillaume Postel (1510-1581), qui connaissait l'hébreu, le syriaque, l'arabe, et qui, alors qu'il était établi à Florence, dédiait en 1551 au grand duc son traité (écrit en latin) *Sur les origines, institutions, religion et mœurs de la région de l'Étrurie,* défendaient cette thèse, après tout compréhensible en un temps où on estimait que l'hébreu était la mère de toutes les langues.

II. – Le mystère de la langue étrusque

Par rapport à ces débuts aberrants à nos yeux de la recherche sur la langue étrusque, un observateur sévère pourrait avoir l'impression que la situation actuelle ne témoigne pas d'un progrès sensible. Un demi-millénaire après que la question fut ainsi soulevée dans la Toscane du *Rinascimento,* il faut bien avouer que nous ne sommes pas en mesure de comprendre vraiment les documents que les Étrusques nous ont laissés. Nous en prendrons pour exemple une inscription récemment découverte, qui, avec ses 206 mots, est le troisième texte pour la longueur qui nous soit parvenu, la table de bronze de Cortone. Dans la première publication qui en fut faite, due à

L. Agostiniani et F. Nicosia, elle était présentée comme un contrat de cession à une série de colons de terres appartenant à de grands propriétaires. Mais aussitôt après paraissait l'étude d'un autre savant, C. De Simone, qui l'interprétait comme le règlement d'un culte funéraire. Depuis encore d'autres interprétations sont parues, toutes divergentes[1]. Et pourtant nous sommes dans un cas relativement favorable. Plus de la moitié du texte est constitué de noms propres, que nous repérons facilement (on en trouve 106, répartis en quatre listes successives) ; il est question de personnages dont le nom revient plusieurs fois – un Petru Sceva, avec son épouse, et les membres de la famille Cusu, déjà connue comme une des plus importantes de l'aristocratie de Cortone. On reconnaît des formules attestées ailleurs, comme l'indication de date par les *zilath* éponymes qui étaient en charge cette année (*zilci,* sous la magistrature de), le nom et le titre d'un autre magistrat, le *zilath mechl rasnal,* une séquence *cen zic zichuche* qui signifie « ce texte a été écrit ». Mais notre ignorance du sens des mots est telle qu'en dehors de ces points sûrs, nous sommes incapables d'assembler les pièces du puzzle et de donner une signification assurée à l'ensemble.

1. L. Agostiniani, F. Nicosia, *Tabula Cortonensis,* Rome, « L'Erma » di Bretschneider, 2000 ; C. De Simone, *La Tabula Cortonensis* : tra linguistica e storia, *Annali della Scuola Normale Superiore di Pisa,* 4, 3, 1998 (paru en 2000), p. 1-122. On verra aussi, entre autres, G. M. Facchetti, *Frammenti di diritto privato etrusco,* Florence, Leo S. Olschki, 2000 ; Actes du colloque *La Tabula Cortonensis e il suo contesto storico-archeologico,* sous la dir. de M. Pandolfini et A. Maggiani, Rome, Consiglio Nazionale delle Ricerche, 2002 ; V. Scarano Ussani, M. Torelli, *La Tabula Cortonensis, un documento giuridico, storico e sociale,* Naples, Loffredo Editore, 2002.

Encore s'agit-il dans ce cas de tentatives d'interprétation qui émanent d'indiscutables savants, qui avancent des hypothèses appuyées sur une mise en œuvre rationnelle de ce que nous pouvons savoir ou au moins supposer de la langue étrusque. Il n'empêche que, vus de l'extérieur, ces essais méthodiques et rigoureux dans leur démarche peuvent paraître ne pas aboutir à des résultats plus concluants que les innombrables essais d'amateurs plus ou moins éclairés qui se livrent au petit jeu du « déchiffrement » de l'étrusque. Il faut bien dire que le caractère relativement limité du corpus des inscriptions étrusques, le fait qu'on les lise parfaitement (et en ce sens le terme de « déchiffrement », couramment utilisé, est faux), le fait sans doute aussi que cette civilisation nous semble proche, ne serait-ce que par l'impression de vie que les peintures des tombes de Tarquinia dégagent, a poussé – et poussera certainement encore à l'avenir – aux tentatives les plus diverses de remédier à ce qui peut apparaître comme l'échec de la science officielle. On ne s'étonnera pas si l'étude de la langue étrusque traîne la réputation déplorable d'être, comme le disait M. Pallottino, « la branche farfelue de la linguistique ».

III. – Les méthodes de déchiffrement

Ces essais non scientifiques de comprendre l'étrusque ont tous en commun de partir de la quête d'une langue sœur, à partir de laquelle on pourrait interpréter les textes étrusques. On peut dire qu'on a vraiment tout essayé, et nous pourrions citer des tentatives récentes de partir du sanscrit, de l'albanais, du magyar, du turc, de l'arabe dont on peut dire qu'elles font honneur au moins à l'imagination de leurs auteurs, qui aboutissent parfois à interpréter comme une poésie amoureuse ce qui est une épitaphe du type le plus classique... Mais il convient de reconnaître que même des savants reconnus se sont lancés, avec plus de méthode mais pas davantage de succès, dans le jeu de la comparaison : nous évoquerons les rapprochements tentés en vain avec les langues italiques en 1874-1875 par W. Corssen dans *Über die Sprache der Etrusker,* avec les langues caucasiennes en 1899 par V. Thomsen dans ses *Remarques sur la parenté de la langue étrusque,* avec les parlers finno-ougriens en 1913 par J. Martha dans *La langue étrusque.* L'échec est patent et on n'est jamais parvenu à rattacher l'étrusque à une langue ou à une famille de langues qui pût en autoriser la compréhension. Les seules parentés qu'on repère sont celles avec le lemnien, parlé dans l'île de Lemnos, et le rétique, langue des Rhètes de l'Italie du Nord. Nous avons évoqué ces langues à propos de la question des origines étrusques : ce ne sont pas les maigres restes que nous en avons, bien plus limités que ceux que nous possédons pour l'étrusque, qui nous aident à le comprendre. La méthode de la comparaison, qui a abouti au déchiffrement de tant de langues indo-européennes ou sémitiques retrouvées par l'archéologie, se révèle donc ici inadéquate, fût-elle mise en œuvre par d'authentiques linguistes.

La raison en est claire. L'étrusque est une des langues qui étaient en usage en Europe avant l'affirmation des parlers de la famille indo-européenne, comme les langues celtiques, germaniques, slaves et baltiques, le grec ou le latin et les autres parlers du groupe italique. On se trouve dans une situation analogue à celle du basque, qui lui aussi renvoie à une couche linguistique pré-indo-européenne et apparaît de nos jours totalement isolé dans une Europe où, mis à part le magyar de Hongrie, d'implantation récente, et, dans l'extrême nord, le finnois et d'autres idiomes du groupe finno-ougrien, on ne rencontre plus que des langues indo-européennes. L'étrusque est différent du basque, mais est comme lui une langue du substrat pré-indo-européen. Dans son cas, on pensera aux langues qui étaient parlées dans la zone méditerranéenne. Certains traits font songer à des termes qu'on trouve en grec, mais qui, dans cette langue, sont d'origine préhellénique (le nom de l'épouse en étrusque, *puia,* évoque le verbe *o-puein* du grec, prendre épouse, qui n'est pas un mot d'origine indo-européenne), ou dans les langues d'Asie Mineure (le nom de Tarquinia et celui de son héros fondateur Tarchon évoquent celui du dieu hittite Tarhundas, et rappellent aussi le verbe grec *tarchuein,* rendre les honneurs funèbres). Mais s'il en est ainsi, il n'y a pas à s'étonner si la quête désespérée d'une langue sœur s'est révélée vaine pour l'étrusque : les idiomes apparentés qui pouvaient exister ont tous disparu, recouverts par l'établissement des langues indo-européennes.

La méthode étymologique se révélant inapplicable, on a voulu dégager une méthode qui parte de l'intérieur même de la documentation et, par le jeu de la comparaison interne, arrive à dégager des principes d'analyse, repère des structures et détermine de la sorte le sens de nos textes, sans faire appel à une impossible clé de lecture externe. On a appelé cette méthode combinatoire. Nous verrons comment elle s'applique dans des cas précis, en relevant des éléments formulaires communs et leurs variations, et en dégageant à partir d'eux des points de morphologie et de syntaxe. Mais M. Pallottino avait beau jeu de dire que, réduite à elle-même, la méthode combinatoire n'est qu'un jeu abstrait, qui ne saurait suffire à déterminer la signification de nos documents[1] : il faut bien qu'on ait une idée de ce que veulent dire nos textes, par exemple de savoir s'ils sont de nature funéraire ou votive, pour dégager leur sens.

C'est pourquoi on a fait intervenir une autre méthode, dite bilinguistique. Il faut expliquer le terme. Il part évidemment de « bilingue », mais vient en quelque sorte prendre acte de l'absence, pour l'étrusque, d'inscriptions bilingues où un même texte serait donné à la fois en étrusque et dans une langue connue, comme le latin ou le grec. Les étruscologues n'ont pas leur pierre de Rosette, c'est-à-dire un document comparable à l'inscription qui a permis à Champollion, grâce au texte grec, de poser les principes du déchiffrement des hiéroglyphes. Les espoirs qu'avaient suscité, de ce point de vue, la découverte en 1964, lors des fouilles du sanctuaire de Pyrgi, de trois tablettes d'or portant, pour deux d'entre elles, un texte étrusque et pour l'autre un texte punique, ont été déçus. Outre que le texte punique n'est pas parfaitement limpide, on s'est vite aperçu que, si une des inscriptions étrusques et celle rédigée en punique se rapportaient bien au même événement, la dédicace faite à

1. L'ouvrage de M. Pallottino, *La langue étrusque, problèmes et perspectives* (trad. par J. Heurgon), Paris, Les Belles Lettres, 1978, reste le meilleur exposé disponible sur les méthodes d'étude de l'étrusque.

une divinité par le tyran qui exerçait le pouvoir vers 500 à Caeré, Thefarie Velianas, le libellé reste sensiblement différent et on ne peut pas traduire le texte étrusque à partir du texte punique. À plus forte raison, les 34 véritables bilingues que nous possédons ne nous apprennent-elles pas grand-chose : ce sont de courtes épitaphes, tardives, où le nom du défunt est donné à la fois sous sa forme étrusque et sous sa forme latine. Le seul point important qu'on en ait dégagé est le sens de la base *zic(h)*, écrire : un défunt appelé *Zicu* en étrusque était dénommé en latin Scribonius, nom formé sur le verbe *scribere,* qui veut dire écrire.

Pour remédier à l'absence de bilingues utilisables, on a donc élaboré la méthode bilinguistique. Elle part de l'hypothèse, vraisemblable, que les Étrusques s'exprimaient, dans les mêmes circonstances, de la même manière que des peuples voisins dont nous comprenons la langue. À défaut de traduction, nous avons des éléments de comparaison qui permettent de dégager le sens des textes étrusques, au moins dans certains cas : des exemples permettront de saisir le fonctionnement de la méthode.

On rencontre, dans le monde antique, beaucoup d'objets qui étaient inscrits au nom de leur propriétaire. Ce sont des marques de propriété. Or, en grec ou en latin, elles adoptent souvent un formulaire particulier, celui dit des « inscriptions parlantes », où l'objet est censé s'exprimer lui-même à la première personne : « Je suis la propriété d'Untel. »[1] Comme le

1. Voir L. Agostiniani, *Le « iscrizioni parlanti » dell'Italia antica,* Florence, Leo S. Olschki, 1982.

verbe (qui serait le verbe « être ») peut être sous-entendu, on a des séquences comprenant le pronom de première personne au cas-sujet *(ego)* et le nom du propriétaire au génitif. En étrusque, on rencontre, sur des objets comparables, des formules avec *mi* suivi de noms propres (catégorie de mots qui se repère facilement) se terminant en *-s* ou en *-al.* Cela nous permet de comprendre que le pronom de première personne au cas-sujet est en étrusque *mi,* et que cette langue connaît un génitif en *-s* et un autre en *-al* dont l'analyse permet de voir que le premier s'applique à la plupart des noms d'hommes et le second aux noms de femmes et à certains termes masculins, prénoms se terminant par une dentale (comme *Arnth* qui fait *Arnthal, Larth* qui fait *Larthal*).

Autre cas d'application, les formules de don. En latin et en grec, toujours selon le principe des inscriptions parlantes, on trouve sur des objets qui ont été remis en don, par exemple les ex-voto offerts à une divinité dans un temple, un formulaire du type « Untel m'a donné à Untel », avec le pronom de première personne s'appliquant à l'objet donné, cette fois exprimé à l'accusatif, un verbe au parfait signifiant « a donné » (d'où, en latin, une séquence *me dedit*), le nom du donateur au cas-sujet et celui du récipiendaire au datif. Là encore, le parallèle existe en étrusque : on rencontre, dans de tels cas, des formules avec *mini muluvanice* ou *mini turice,* un premier nom non caractérisé par une terminaison particulière et un autre avec des finales en *-si* ou *-ale* (*-ala* dans les inscriptions les plus anciennes). On dégagera cette fois, outre l'existence en étrusque d'un cas-sujet non caractérisé par une finale quelconque, celle d'un cas oblique, fonctionnant ici comme un datif, en *-si* ou *-ala/ale,* les deux types de terminaisons correspondant aux catégories de mots qui avaient leurs génitifs respectivement en *-s* et en *-al.* La forme *mini* nous révèle, à côté du cas-sujet *mi* qu'on trouve dans les marques de possession, l'existence, pour le pronom de première personne, d'un cas-objet caractérisé par un suffixe *-ni.* Et *muluvanice* ou *turice* est à comprendre comme l'équivalent de *dedit,* « a donné » : ce sont des formes verbales, sur des bases *tur-* et *mulu(v)-* signifiant « donner », que leurs finales *-(i)ce* (qu'on rencontre avec d'autres bases qu'on peut définir comme verbales) caractérisent comme étant des parfaits.

Ce sont là des cas relativement simples de recours à la méthode bilinguistique, ou plus exactement aux ressources conjointes de cette méthode et de la méthode combinatoire. Mais il peut y en avoir de plus inattendues. Ces dernières années, le linguiste italien L. Agostiniani en a fourni deux exemples[1]. Il a relevé que certaines formules de don, à époque ancienne, étaient accompagnées d'une séquence *mi mlakh mlakas*, où *mlakas* est le génitif du terme *mlakh,* qu'on lit juste avant au cas sujet, qualifiant le pronom de première personne *mi.* Il les a judicieusement rapprochées d'inscriptions latines de la même époque où l'objet qui faisait l'objet du don était défini comme bon (*bonum,* en latin archaïque *duenom*) et donné à une bonne personne (dans nos exemples une femme, qualifiée par le génitif *duenas,* « bonne »). Le sens est donc : « Je

1. Voir respectivement Duenom duenas : kalos kalo : mlach mlakas, *Studi Etruschi,* 49, 1981, p. 95-111 ; *Eiminipicapi* e la negazione in etrusco, *Archivio Glottologico Italiano,* 69, 1984, p. 84-117.

(suis) un bon objet appartenant à une bonne personne. » Nous acquérons ainsi le mot qui signifie « bon » en étrusque, *mlach.* Autre progrès dû au même savant : on rencontre parfois, sur des objets déposés dans une tombe ou dans un temple, une formule du genre de *ei minipi capi,* qui était restée énigmatique en dehors du *minipi,* composé d'une postposition *-pi* et de *mini,* cas-objet du pronom de première personne. L. Agostiniani a fait intervenir ici des formules latines ou grecques attestées sur des offrandes funéraires ou sur des ex-voto, qui interdisent à quiconque de s'en emparer. Le sens est donc, comme sur ces inscriptions latines ou grecques : « Ne me prends pas », le verbe *capi,* à l'impératif, étant accompagné d'un *ei* qui exprime la défense. La méthode aboutit ici à dégager le point, important, de l'expression de la négation en étrusque – sur lequel nous ne savions rien auparavant.

IV. – La documentation épigraphique

Ces méthodes partent de la documentation dont nous disposons, c'est-à-dire de l'épigraphie étrusque, les inscriptions que les découvertes archéologiques ont permis de retrouver. C'est en effet le seul moyen que nous ayons d'appréhender cette langue, puisque nous ne disposons de rien de comparable à ce que des générations de copistes nous ont transmis de la littérature grecque ou latine : la littérature étrusque, que ce soient les livres sacrés dont nous avons parlé ou des œuvres littéraires comme ces tragédies auxquelles un passage de Varron fait allusion (*De la langue latine,* V, chap. 55), a totalement disparu. Et ce que les auteurs grecs et latins nous apprennent de la langue étrusque se réduit à une soixantaine de gloses, courtes indications se limitant à nous donner le sens d'un mot.

En revanche, nous avons la chance de disposer d'un corpus épigraphique relativement étendu : de l'ordre d'une dizaine de milliers d'inscriptions. Même s'il s'agit le plus souvent de textes courts, où la part des noms propres est énorme, ce n'est pas négligeable : cela fait une quantité trois fois supérieure aux inscriptions latines pour la période correspondante (c'est-à-dire entre le VIIe et le Ier siècle).

Mais cette abondance de documents doit être immédiatement relativisée. Nous avons très peu de textes longs et l'énorme majorité, de l'ordre des quatre cinquièmes, se compose de brèves épitaphes. Cette situation présente certains avantages : ainsi la ville de Chiusi nous a livré, pour l'époque hellénistique, un tel nombre d'inscriptions funéraires (de l'ordre de 3 000), le plus souvent portées sur des urnes de terre cuite produites en série, avec des décors stéréotypés faits au moule, que c'est, pour toute l'Antiquité, une des cités dont nous pouvons le mieux connaître la population. Mais ces épitaphes nous livrent presque uniquement des noms propres. Souvent, elles se réduisent à l'énoncé du nom du défunt.

Néanmoins, d'autres éléments peuvent s'ajouter. Le défunt peut être situé dans ses liens de parenté, que ce soient ceux du mariage (pour une femme) ou de filiation. On connaît de la sorte assez bien les termes désignant les liens de parenté : épouse se dit *puia*, fils *clan*, fille *sech,* père *apa,* mère *ati,* petit-fils *papals,*. Ce qui confirme d'ailleurs, s'agissant d'un secteur du vocabulaire particulièrement important pour définir une langue, l'isolement de la langue étrusque, puisque cette série de termes ne se retrouve dans aucun parler connu. La désignation onomastique peut être précédée de certains éléments. Si l'inscription est portée à l'entrée d'une tombe, on peut trouver la formule *mi suthi,* « je (suis) la tombe », ou *ca suthi,* « ceci (est) la tombe », suivie du nom du défunt au génitif. Si l'on a affaire à une épitaphe, on lit parfois *thui cesu*, l'équivalent de notre « ci-gît », avant le nom du défunt au cas-sujet. Le cas échéant, des précisions complètent le texte. L'âge du défunt peut être donné, avec une formule du type de *avils LX lupuce, ou avils LX lupu,* signifiant « est mort (à l'âge de) 60 ans ». Le chiffre des années (*avil,* ici au génitif de datation), est parfois donné en toutes lettres, ce qui nous renseigne sur les noms de nombre. Nous les connaissons par ailleurs par des dés à jouer, dont les six faces, au lieu d'être numérotées par un système de points, le sont par les nombres de un à six : ce sont *thun, zal, ci, huth, mach, sa,* les noms des dizaines se formant par l'adjonction d'un suffixe *-alch* (ainsi *cealch,* de *cialch,* pour 30) et ceux de chiffres comme 27, 28, 29 se formant par soustraction du chiffre de la dizaine supérieure (ainsi 29 se dit *thunem cialch,* trente moins un, la soustraction étant indiquée par le suffixe *-em*). Là encore, il s'agit d'un acquis significatif pour la caractérisation de la langue, puisque ces noms de nombre sont sans correspondant ailleurs.

Autre catégorie d'inscriptions bien représentée, celles qui commémorent un don ou une dédicace et sont portées sur l'objet ainsi offert. Nous avons évoqué la formule la plus courante, du type *mini muluvanice* ou *mini turice.* Mais on peut trouver, dans le même emploi, un libellé comportant *mi,* le pronom de première personne au cas direct, suivi d'une forme verbale *mulu* ou *turu,* évidemment apparentée au verbe de la formule précédente, et d'un nom de personne au cas en *-si* ou *-ala/ale.* On les comprend comme des tournures passives, avec l'indication, dans la forme en *-si* ou *-ala/ale,* qui n'est pas ici à interpréter comme un datif d'attribution, du complément d'agent, précisant la personne qui a fait le don : ainsi *mi mulu Kaviiesi,* qui se lit sur un petit coq en bucchero trouvé à Tarquinia, a le sens de « j'ai été donné par Gavius », avec un cas en *-si* qui correspondrait au cas direct *Kavie,* au génitif *Kavies.* Ici le passif est exprimé par une sorte de participe en *-u.* Il l'est dans d'autres cas par un parfait en *-che,* dont on constate qu'il alterne avec un parfait actif en *-ke* : on en a un exemple dans la signature qui se lit sur un autre petit vase de bucchero, un aryballe qui avait servi à contenir du parfum : *mi Arathiale zichuche,* « j'ai été inscrit par Ara(n)th ».

V. – **Les documents les plus longs : le livre de lin de Zagreb, la tuile de Capoue, le cippe de Pérouse**

De telles inscriptions, simples et répétitives, sont assez faciles à comprendre. Comme elles représentent une bonne part de notre documentation, nous pouvons dire que nous sommes à même de saisir le sens de la plupart des documents qui nous sont parvenus. Mais les indications qu'on peut en tirer sur la langue, du fait de leur caractère formulaire et de la place qu'y occupent les noms propres, demeurent limitées. On constate combien nos ignorances restent énormes dès qu'on considère les quelques textes longs que nous possédons.

En dehors de la table Cortone, d'acquisition récente, que nous avons déjà évoquée, il s'agit principalement de trois documents, deux plus longs, le livre de lin de Zagreb, de 1 200 mots, et la tuile de Capoue, qui offre 300 mots lisibles, et un plus court, le cippe de Pérouse, de 126 mots.

Le premier a eu une histoire étrange. Ce texte ne nous serait pas parvenu s'il était resté en Italie : il est en effet porté sur un support périssable, une toile de lin, et correspond à l'antique support d'écriture des « livres de lin » dont les Latins de l'âge classique se souvenaient que leurs ancêtres l'avaient utilisé avant la diffusion du papyrus et du parchemin. Celui-ci doit sa préservation au fait qu'il s'agit d'un livre religieux qu'un haruspice, au Ier siècle, avait apporté en Égypte, où il avait fini par servir à envelopper une momie, après avoir été découpé en bandes. La momie, achetée par un Croate en 1848-1849, fut rapportée à Zagreb. Ce qui explique que le musée de cette ville possède aujourd'hui ce qui est, de loin, le texte étrusque le plus long que nous possédions, même si les bandes que nous avons ne représentent qu'une partie de l'original, dont les colonnes furent découpées transversalement pour en faire des bandes.

Nous pouvons nous faire une idée de sa structure. Le texte s'articule en énoncés qui débutent par des séquences chiffrées qui sont des indications de date. Par exemple, dans les colonnes X et XI, on lit successivement *ciem cealchus* (le 27), *eslem cealchus* (le 28), *thunem cialchus* (le 29), et on rencontre des noms de mois comme *acale* ou *celi*. Pour chaque date sont indiquées les cérémonies qu'il convient d'effectuer. Cette indication peut être brève : ainsi, en XI, 17, il est dit simplement *thunem cialchus etnam ich eslem cialchus,* « le 29 (il faut faire) comme le 28 ». Elle peut être beaucoup plus longue, et dès lors difficile à comprendre. L'interprétation de l'ensemble est cependant facilitée par le fait qu'on se trouve en présence de longues séquences récurrentes, sous des formes à peu près identiques, qui concernent le dieu Neptune, dont le nom étrusque est *Nethuns,* un groupe de divinités (avec le pluriel *aiser* qui signifie « les dieux »), les *aiser sic seuc,* et un *flere in crapsti,* dont la désignation comprend *flere,* qui est l'équivalent du *numen* latin, puissance divine. Ces dieux ont droit, le jour de leur fête (et même pour les *aiser sic seuc,* en deux occasion, aux colonnes 3 et 5) à des liturgies, dont le déroulement se répète d'une manière à peu près identique. Nous pouvons deviner qu'il s'agit d'offrandes, de sacrifices (souvent exprimés par des formes verbales en *-ri,* qui sont un « nécessitatif », indiquant ce qu'il faut faire). On saisit le sens de certaines phrases (par exemple, en 11, 15, *ctnam thesan fler Veives thezeri,* où *cn* est un démonstratif, *thesan* le nom de l'aurore et *fler* celui de l'offrande, s'interprète comme « et ce matin il faut offrir une offrande au dieu Veiovis). Mais on est loin de parvenir à une interprétation suivie de l'ensemble du texte et beaucoup de séquences, surtout là où aucun parallélisme ne vient aider l'interprétation, nous échappent.

Il en va de même pour la tuile de Capoue, texte du ve siècle retrouvé dans une nécropole de cette ville et aujourd'hui au musée de Berlin, qui doit son nom à la forme de support sur lequel il est gravé. On a affaire, cette fois encore, à un calendrier rituel, comme le montre son articulation selon des dates, comparable à celle du livre de lin de Zagreb. Pour ces dates, on rencontre des prescriptions analogues à celle de ce document, avec les mêmes formes de nécessitatif en *-ri,* par exemple, *lethamsul ci tartiria cim cleva acasri,* « il faut faire une offrande trois *tartiria* et trois *cleva* au dieu Lethams ». On le voit, on ne peut dégager qu'un sens approximatif, la signification exacte des *tartiria* et *cleva* ne peut être précisée. Dans le cas de la tuile de Capoue, l'interprétation est rendue encore plus malaisée par le fait qu'une bonne partie de l'inscription est illisible, le tiers inférieur des 62 lignes étant très détérioré, et aussi parce que nous sommes à une époque ancienne où les Étrusques ne notaient pas les séparations de mots, ce qui fait que nous sommes parfois dans l'impossibilité de déterminer de quels mots se compose le texte.

Le cippe de Pérouse, le dernier de nos textes longs, le quatrième maintenant après celui de la table de Cortone, est d'une nature différente. Il est porté par une des bornes qui servaient aux Étrusques à délimiter les divisions de leur territoire, et dont le nom étrusque, *tular,* apparaît sur plusieurs de ces documents. Mais, alors que, dans les autres cas, on a affaire à des textes courts, du genre de *tular rasnal,* « limite du (territoire) public », qu'on lit sur un cippe de Cortone ou *tular spural,* « limite de la ville », qu'on rencontre à Fiesole et à Spina, le cippe de Pérouse porte un texte beaucoup plus long. On y voit revenir le nom de deux familles (famille se dit *lautn* en étrusque, mot qui apparaît au début du texte), les Velthina et les Afuna, et la nature du support comme l'indication de mesures *(naper XII)* ne laisse aucun doute quant à la nature juridique du texte, qui concerne un jugement, ou plutôt un arbitrage, rendu entre ces deux familles, précisant leurs droits respectifs sur le terrain dont cette borne marquait la limite. Le document commence par mentionner un personnage n'appartenant pas à ces familles, Tanna Larezu, qualifié de *teurat,* terme qui se retrouve sur la forme ancienne *tevarath,* pour désigner l'arbitre d'une scène de lutte. Ce mot est suivi de la séquence *ame vachr lautn Velthinas estla Afunas,* qu'on peut comprendre comme « (ceci) est *(ame)* l'accord (sens probable de *vachr*) de la famille Velthina et de celle Afuna ». Le texte se termine par *ich ca cecha zichuche,* formule qui convient à un document juridique : son sens, « comme *(ich)* cela *(ca)* est écrit *(zichuche)* au-dessus *(cecha)* » est garanti par la méthode bilinguistique. On trouve en effet une formule comparable dans un texte rédigé en ombrien, langue italique apparentée au latin, les tables de bronze découvertes à Gubbio, qui nous ont conservé des règlements religieux de cette cité d'Ombrie. Il est même possible, selon une proposition de S. Mazzarino, que l'arbitrage se réfère, par la formule *tesns teis rasnes,* au « droit de la terre étrusque », auquel se réfère le commentaire de Servius à l'*Énéide* (chant I, v. 2). Ses stipulations en tout cas ne sont pas exprimées cette fois au « nécessitatif » en *-ri,* mais par ce qui semble être des subjonctifs en *-a.* Mais beaucoup de points restent obscurs et une véritable traduction n'est pas davantage envisageable pour ce document que pour les autres textes longs dont nous disposons.

VI. – Bilan de nos connaissances : un système phonologique particulier

Ce bilan des recherches sur la langue étrusque peut paraître décevant. Il n'empêche que nous sommes en mesure de dégager certains points sûrs. C'est le cas, tout d'abord, de sa structure phonologique, qui présente des particularités notables.

Les Étrusques se servirent en effet, nous l'avons signalé, pour transcrire leur langue, de l'alphabet qu'ils empruntèrent, vers la fin du VIIIe siècle, aux Grecs de Chalcis établis à Cumes. C'était un alphabet grec, mais de type particulier, différent de l'alphabet de notre grec scolaire (ou de celui des Grecs actuels). Déjà, il comportait encore des lettres qui disparaîtront par la suite de l'écriture grecque, le *digamma,* qui avait la valeur de [w], phonème (qu'on a au début d'un mot comme ouate) que l'évolution de la langue grecque fera disparaître, et qui sera donc éliminé de l'écriture, le *qoppa,* qui a donné notre Q, dont les Grecs s'aperçurent vite qu'il faisait double emploi avec leur *kappa* (qui a donné notre K), et aussi un signe de sifflante, le *san,* de forme M, qui était un doublet inutile du *sigma* (qui a donné notre S) ; d'autres changeront de valeur, comme le *hèta,* notre H, qui avait alors encore sa valeur originelle d'aspirée, mais sera ensuite utilisé pour noter la variété longue de la voyelle [e] (en même temps qu'on créera le *oméga,* pour noter le [o] long, lettre qui n'existait pas encore au moment de l'emprunt de l'écriture grecque par les Étrusques). D'autre part, cet alphabet chalcidien n'appartenait pas à la même famille que celui, ionien-atttique, qui nous est familier pour noter le grec. Alors que ce dernier appartient au groupe des alphabets dits orientaux, l'alphabet chalcidien est du groupe dit occidental, qui en diffère pour les trois dernières lettres : alors que dans le groupe oriental on a une séquence *phi, chi, psi,* avec des formes de lettres Φ, X, Ψ, on trouve dans les alphabets occidentaux une séquence *xi, phi, chi* (X, Φ, Ψ), différant à la fois par les valeurs et par les formes des signes utilisés. Les conséquences de l'appartenance du modèle grec de l'écriture étrusque au groupe occidental furent durables : si nous utilisons, dans notre alphabet latin, qui résulte d'un emprunt que les Latins firent aux Étrusques au VIIe siècle, un X situé en fin d'alphabet, qui a la forme du *chi* de l'écriture grecque orientale mais la valeur de son *xi,* et si nous ne notons pas le groupe [ks] par ce *xi,* de forme Ξ et placé entre le N et le O comme c'est le cas en grec, c'est parce que, du fait de ses origines ultimes, notre écriture se rattache au groupe grec occidental, qui utilisait X pour noter [ks] et élimina rapidement le *xi* qui ne servait à rien.

Mais l'usage que les Étrusques firent de cet alphabet emprunté au grec montre que leur langue présentait certaines différences significatives par rapport au grec. Ils eurent tout d'abord eu besoin d'un signe supplémentaire pour noter le [f], que le grec ne possède pas. Après avoir d'abord utilisé à cette fin un groupe de deux lettres, FH, c'est-à-dire le *digamma* suivi du signe d'aspiration – ce qui explique que, dans l'alphabet latin, qui a repris cette notation mais l'a rapidement réduite à son premier élément, F, le F ait perdu sa valeur originelle de [w] et serve à transcrire le [f] –, ils se donnèrent une nouvelle lettre, en forme de 8, qui, comme c'est généralement le cas pour des lettres créées secondairement, fut placée en fin d'alphabet. Par ailleurs, l'emploi de certaines lettres de l'alphabet n'est pas celui du grec. Chez les Étrusques, les deux signes de sifflantes, le *sigma* (S) et le *san* (M), sont tous deux employés, et avec des valeurs différentes : cela veut dire que leur langue n'avait pas un seul phonème [s], comme le grec ou les langues indo-européennes en général, mais deux, un [s] et une autre sifflante, sans doute celle, chuintante, que le français note par CH. Inversement, les B, D et O, qui existaient dans l'alphabet théorique transmis par les Chalcidiens, ne se rencontrent jamais dans les inscriptions : ce qui indique que la langue ne possède pas les phonèmes correspondants, [b], [d], [o]. Cette absence est confirmée par les transcriptions de mots grecs comportant de telles lettres : le nom du héros Diomède, en grec Diomèdès, avec son [o] et ses deux [d], devient en étrusque *Tiumite,* avec des T, notant [t], et un U, notant [u], c'est-à-dire le phonème que le français transcrit par OU. Quant au *gamma,* qui en grec notait une consonne sonore, [g], comparable aux sonores [b] et [d] que notaient B et D, il subsiste dans l'écriture, mais avec une valeur modifiée : c'est désormais un signe de consonne sourde, le C, qui passera en latin avec la nouvelle valeur, celle de [k], que lui conféra l'écriture étrusque.

L'étrusque avait donc un système de phonèmes bien particulier, très différent de celui d'une langue indo-européenne comme le grec ou le latin. Des deux voyelles d'arrière, [o] et [u], notés par les deux lettres O et U, il n'en possédait qu'une, le [u] noté U. Pour les consonnes, s'il connaissait la série des aspirées [ph], [dh], [kh], disparue du latin mais que le grec possédait et pour lesquelles il utilisait les lettres *phi, théta, chi,* l'étrusque n'avait pas la série des sonores [b], [d], [g], mais seulement celle des sourdes, [p], [t], [k]. On a là un ensemble de traits phonologiques spécifiques, qu'on retrouve en lemnien et en rétique, et est un des traits qui permettent de définir ces langues comme apparentées, mais qui, une fois de plus, dénote le caractère à part de l'étrusque.

VII. – **Une langue de type agglutinant**

La morphologie de l'étrusque se laisse moins aisément appréhender. Mais on peut dégager certains traits, notamment en ce qui concerne la morphologie nominale. Par exemple, l'étrusque ne connaît pas la distinction de genre grammatical. Si les noms de famille féminins ont une forme différente des noms de famille masculins (auxquels ils ajoutent un suffixe en *-i*), c'est là un fait d'onomastique, non de système grammatical. En dehors des noms propres, on ne dénote aucune différence qui permette de définir un mot comme masculin ou comme féminin. Il semble en revanche exister une distinction entre animé et non animé. Si on considère les formes de pluriel (qui concernent exclusivement les noms, les adjectifs restant invariables), on constate que les noms correspondant à des êtres animés ont un pluriel formé par un suffixe en *-r* (ainsi pour les fils, à partir de *clan,* on a *clenar,* pour les petits-fils, à partir de *papals, papalser*). Inversement, ceux correspondant à des êtres inanimés ou à des notions ont un pluriel en *-chva* (parfois réduit à *-va*) : le nom de la statue, *fler,* fait au pluriel *flerchva,* celui de l'année, *avil, avilchva.*

Nous avons déjà amplement évoqué des formes flexionnelles. L'étrusque est une langue à cas, et si la distinction entre nominatif et accusatif, cas-sujet et cas-objet, n'existe pas pour les noms, pour lesquels il n'existe qu'un cas direct, qui fait fonction aussi bien de sujet que de complément d'objet, elle existe pour les pronoms : nous avons vu *mi,* correspondant au nominatif latin *ego,* « je », et *mini,* correspondant à l'accusatif latin *me,* « me ». On retrouve cette distinction pour les autres catégories de pronoms, comme les démonstratifs *ca* et *ta,* qui ont des cas-objet *cn* et *tn,* dont le [n] final doit reposer sur un ancien suffixe *-ni,* analogue à celui de *mini.*

Quant aux noms, à côté du cas direct, qui n'a aucun suffixe particulier, on repère plusieurs cas, comme un locatif, qui présente une terminaison en *-i* ou en *-thi,* ce qu'on peut considérer comme un ablatif en *-als,* et surtout les cas, que nous avons analysés, en *-s* et *-al,* qu'on s'accorde à définir comme un génitif, et en *-si* et *-ala/ale,* pour lequel, étant donné sa double fonction de complément d'attribution avec des verbes de don et de complément d'agent avec des tournures passives, la terminologie du linguiste allemand H. Rix, qui parle ici de « pertinentif », est sans doute la meilleure. Or, si on regarde la flexion des noms étrusques, au singulier et au pluriel, on constate que ces suffixes casuels se retrouvent, d'une manière identique, à la fois au singulier et au pluriel, où ils s'ajoutent simplement à la marque de pluriel (en *-r* ou en *-chva*). Ainsi, pour le nom du fils, *clan* (pour lequel on note certains accidents phonétiques concernant le vocalisme, qui n'importent pas ici), on aura :

– nominatif singulier *clan* / nominatif pluriel *clenar* ;
– génitif singulier *clens* / génitif pluriel *cliniiaras* ;
– pertinentif singulier *clensi* / pertinentif pluriel *clenarasi.*

Les formes casuelles du pluriel sont donc formées à l'aide des mêmes suffixes que celles du singulier, auxquels on ajoute simplement un autre suffixe, le *-ar* qui marque le pluriel et qui est présent à tous les cas du pluriel. Autrement dit, on a des suffixes qui indiquent les cas, indépendamment du nombre, ou qui signifient qu'on est au pluriel, et s'emploient alors à tous les cas. C'est le système des langues dites agglutinantes (comme le basque ou le turc), où on ajoute à la forme de base des suffixes spécialisés, dont la valeur est univoque. On est loin de ce qu'on a dans les langues indo-européennes, telles du moins que nous les connaissons, où on ne peut pas distinguer valeur de nombre et valeur de cas : pour prendre l'exemple du latin *rosa,* « la rose », on serait bien en peine de dégager un élément commun, signifiant qu'on est au génitif, du génitif singulier *rosae* et du génitif pluriel *rosarum,* ou un autre qui signifie qu'on est au pluriel, dans les nominatif, accusatif, génitif, datif-ablatif pluriels *rosae, rosas, rosarum, rosis.*

L'étude de la morphologie du verbe est moins avancée. Certaines questions importantes restent en suspens. Par exemple, on trouve des parfaits actifs en *-ke* (ou *-ce,* ce qui revient au même) ou passifs en *-khe* avec un ou plusieurs sujets, ce qui laisse penser à une indifférence au nombre. De tels parfaits se rencontrent par ailleurs aussi bien avec des sujets qui sont des noms que le pronom de première personne *mi,* ce qui laisse penser à une indifférence à la personne. Le verbe étrusque avait-il une forme invariable, ne changeant pas selon les personnes, ni si le sujet était singulier ou pluriel ? Ces impressions doivent être relativisées par les limites de notre documentation, qui peuvent nous masquer des traits importants. Par exemple, on ne repère pas, dans notre corpus (en dehors d'impératifs, qui paraissent se ramener à la seule racine verbale), des formes qu'on pourrait interpréter comme des deuxièmes personnes : cela réduit obligatoirement la portée de tout ce qu'on pourrait être tenté de dire du verbe étrusque. Mais au moins une analyse selon le principe d'une langue agglutinante, fonctionnant par adjonction de suffixe, ne pose-t-elle pas d'objection de principe. Nous avons évoqué le suffixe *-ke* (*-khe* au passif) à valeur de parfait : la langue semble leur opposer des formes dépourvues de ce suffixe, à valeur de présent, comme *mulune* (« il donne ») en face de *muluvene* (« il a donné »). Le même suffixe de parfait paraît se retrouver pour des participes en *-u,* comme *aliqu,* qui correspond au parfait en *-ke alice,* autre verbe exprimant la notion de « il a donné », pour lequel on rencontre aussi une forme de présent *ale*. On a récemment dégagé des suffixes qui paraissent avoir valeur d'aspect, non de temps[1]. Mais nous sommes encore loin de maîtriser la morphologie verbale de l'étrusque.

Le chemin à parcourir, on le voit, reste énorme et il est sans doute illusoire de penser que, sauf découverte,

1. Voir K. Wylin, *Il verbo etrusco, ricerca morfosintattica delle forme usate in funzione verbale,* Rome, « L'Erma » di Bretschneider, 2000.

improbable mais à laquelle les étruscologues ne peuvent s'empêcher de rêver, d'une miraculeuse pierre de Rosette qui viendrait révolutionner notre documentation et fournirait une base de travail qui manque jusqu'à présent, des progrès décisifs puissent être faits. Néanmoins le patient travail des spécialistes, avec leurs méthodes rigoureuses, autorise de petites avancées. C'est certainement de cette manière, et non par les propositions hasardeuses de ceux qui s'imaginent avoir trouvé la clé du déchiffrement de la langue, que notre connaissance de l'étrusque est susceptible de progresser.

BIBLIOGRAPHIE

OUVRAGES GÉNÉRAUX

J. Heurgon, *La vie quotidienne chez les Étrusques,* Paris, Hachette, 1961.
M. Pallottino, *Etruscologia,* Milan, Hoepli, 7e éd., 1973.
M. Cristofani (sous la dir. de), *Gli Etruschi, una nuova immagine,* Florence, Giunti, 1984 ; 2e éd., 1993 ; trad. franç. *Les Étrusques,* Paris, Nathan, 1986.
J.-R. Jannot, *À la rencontre des Étrusques,* Rennes, Ouest-France, 1987.
J.-P. Thuillier, *Les Étrusques. La fin d'un mystère,* Paris, Gallimard, coll. « Découvertes », 1990.
F.-H. Massa-Pairault, *La cité des Étrusques,* Paris, CNRS Éditions, 1996.
D. Briquel, *La civilisation étrusque,* Paris, Fayard, 1999.
J.-P. Thuillier, *Les Étrusques. Histoire d'un peuple,* Paris, Armand Colin, 2003.

PRÉSENTATIONS ILLUSTRÉES DE LA CIVILISATION ÉTRUSQUE

Catalogue d'exposition *Les Étrusques et l'Europe,* Paris, RMN, 1992.
Catalogue d'exposition *Gli Etruschi* (Venise, Palazzo Grassi, 2000), Milan, Bompiani, 2000.

QUESTION DES ORIGINES ÉTRUSQUES

M. Pallottino, *L'origine degli Etruschi,* Rome, Tumminelli, 1947.
D. Briquel, *Les Pélasges en Italie. Recherches sur l'histoire de la légende,* Rome, École française de Rome, 1984.
D. Briquel, *L'origine lydienne des Étrusques. Histoire du thème dans la littérature antique,* Rome, École française de Rome, 1991.
D. Briquel, *Les Tyrrhènes, peuple des tours. L'autochtonie des Étrusques chez Denys d'Halicarnasse,* Rome, École française de Rome, 1993.

RELIGION ÉTRUSQUE

A. J. Pfiffig, *Religio Etrusca,* Graz, Akademische Druck- und Verlagsanstalt, 1975.
F. Gaultier et D. Briquel (sous la dir. de), *Les plus religieux des hommes. XIIes Rencontres de l'École du Louvre* (Paris, 1992), Paris, La Documentation française, 1997.
D. Briquel, La religion étrusque, dans *Religions de l'Antiquité,* sous la dir. de Y. Lehmann, Paris, PUF, 1999, p. 5-75.
J.-R. Jannot, *Dieux, devins et démons. Regards sur la religion de l'Étrurie antique,* Paris, Picard, 1998.

LANGUE ÉTRUSQUE

M. Cristofani, *Introduzione allo studio dell'etrusco,* Florence, Leo S. Olschki, 1973 ; 2e éd. revue, 1991.

R. Staccioli, *Il « mistero » della lingua etrusca,* Rome, Newton Compton, 1977 ; 2e éd., 1987.

M. Pallottino, *La langue étrusque. Problèmes et perspectives,* Paris, Les Belles Lettres, 1978.

G. et L. Bonfante, *The Etruscan language. An Introduction,* Manchester-New York, Manchester University Press, 1983 ; 2e éd. revue, 2002.

H. Rix, La scrittura e la lingua, dans *Gli Etruschi, una nuova immagine,* Florence, Giunti, 1984 ; 2e éd., 1993, p. 199-227.

D. H. Steinbauer, *Neues Handbuch des Etruskischen,* St Katharinen, Scripta Mercaturae Verlag, 1999.

G. M. Facchetti, *L'enigma della lingua etrusca,* Rome, Newton Compton, 2000.

TABLE DES MATIÈRES

Introduction 3

Chapitre I – **L'émergence d'une grande puissance** 5

I. L'Étrurie pour les Romains de l'âge classique : le souvenir d'une grandeur passée, 5 – II. Les atouts de l'Étrurie : une agriculture prospère, 6 – III. Les richesses minières, 10 – IV. Premières traces d'une différenciation régionale : le protovillanovien, 12 – V. Le villanovien : continuités et ruptures, 16 – VI. Le problème des origines étrusques : les thèses en présence, 21 – VII. Impossibilité d'aboutir à une solution tranchée, 25 – VIII. Une problématique héritée de l'Antiquité, 27.

Chapitre II – **Les cités étrusques des siècles d'or** 33

I. L'Étrurie des douze cités, 33 – II. Une réalité qui n'est pas seulement matérielle, 39 – III. Des institutions qui influencèrent les Romains, 43 – IV. L'Étrurie des siècles d'or : du bon usage de la richesse, 46 – V. La puissance maritime des Étrusques, 52 – VI. Les Étrusques au sud de la Toscane : Campanie et Latium, 58 – VII. Les Étrusques au nord de la Toscane : la plaine padane et au-delà, 62.

Chapitre III – **Le crépuscule d'une civilisation. Déclin et survivances** 67

I. Les zones périphériques du monde étrusque, 67 – II. La conquête romaine, 69 – III. Les causes du déclin : le cliché de la mollesse étrusque, 72 – IV. Les scandaleuses femmes étrusques, 75 – V. Les difficultés politiques et sociales de l'Étrurie, 78 – VI. Le lent processus de romanisation, 81 – VII. L'atout de l'Étrurie : la discipline étrusque, 84 – VIII. Les haruspices, 86 – IX. Religion étrusque et christianisme, 91.

Chapitre IV – **La redécouverte des étrusques : la langue étrusque, entre science et mystère** 95

I. Naissance de l'intérêt pour les Étrusques, 95 – II. Le mystère de la langue étrusque, 98 – III. Les méthodes de déchiffrement, 100 – IV. La documentation épigraphique, 107 – V. Les documents les plus longs : le livre de lin de Zagreb, la tuile de Capoue, le cippe de Pérouse, 110 – VI. Bilan de nos connaissances : un système phonologique particulier, 115 – VII. Une langue de type agglutinant, 118.

Bibliographie 123

Imprimé en France
par Vendôme Impressions
Groupe Landais
73, avenue Ronsard, 41100 Vendôme
Août 2005 — N° 52 393